TOMÁS LUIS DE VICTORIA

TOMÁS LUIS DE VICTORIA

Música en la ciudad celeste

Josep Soler

Antoni Bosch editor

Antoni Bosch editor, S.A.U.
Manacor, 3, 08023 Barcelona
Tel. (+34) 206 07 30
info@antonibosch.com
www.antonibosch.com

ISBN: 978-84-947376-3-3
Depósito legal: B. 5142-2018

Diseño de cubierta: Compañía
Maquetación: JesMart
Corrección: Raquel Sayas
Impresión: Prodigitalk

Agradecimientos

El autor agradece profundamente el aliento y la cooperación que María Ester Sala, licenciada en Artes, ha tenido para con él durante la escritura de este libro, así como por la cesión de artículos o libros de difícil localización y por los consejos, fruto de su gran experiencia en la música de los siglos XVI y XVII, que tan valiosos han sido para la redacción final de este ensayo.

Agradece asimismo la gentil colaboración de Rosa Agudo, catedrática de Latín en el Instituto Nacional de Bachillerato, quien pacientemente le tradujo las dedicatorias de las ediciones de Victoria, abriendo con ello nuevas perspectivas a su labor.

Finalmente, el autor agradece la paciente labor de lectura que Antoni Bosch, editor de este libro, ha hecho de su texto; esto llevó a una profunda revisión del original y a la escritura de un nuevo capítulo; sin sus sugerencias no se habría podido llegar a ese mínimo de nivel que todo autor desea para sus obras.

«La isla está llena de rumores, de sonidos, de dulces aires que deleitan y no hacen daño. A veces, un millar de instrumentos bulliciosos resuena en mis oídos; y algunas veces son voces que, si he despertado tras un largo sueño, me hacen dormir de nuevo».

Shakespeare, *La tempestad*, acto III

«Pero morir e ir no sabemos dónde; yacer en frías cavidades y quedar allí para pudrirse; [...] la cálida sensibilidad del movimiento convertida en blanda arcilla; esta inteligencia deleitosa, bañarse en olas de fuego o residir [...] entre murallas de espesos hielos; aprisionarse en invisibles vientos [...] en derredor de un mundo suspendido en el espacio; [...] aullando pensamientos inciertos y desarreglados. Lo más penoso [...] es un paraíso, en comparación a lo que tememos de la muerte».

Shakespeare, *Medida por medida*, acto III

Índice

Prólogo
Una lección de silencio

Para Patricia Estévez de La Puente.
Ella es quien recogió mi mano,
para regresarme hasta el presente.

«A la mitad del viaje de nuestra vida,
me encontré en una selva oscura,
por haberme apartado del camino recto».
Divina Comedia, Dante

Hay o suelen existir silencios en el mismo centro del Silencio. El corazón, su corazón, es una cámara de silencio, se confesaba, palpitando, la mano de Antonio Gamoneda.

La Música siempre ha sido –ya no lo será– un silencio inesperado, atribuido a los dulces suspiros de los cantos. Se trata de esa soledad gongorina que se sobrepone a cualquier desprecio.

Aquí les ofrezco un pequeño *tratado del silencio*. Un invento perdurable, inexistente y que se conformará con la ayuda de la memoria y del pasado incierto.

Necesidad de callar es el título del libro de poesía más inadvertido. La necesidad de callar es por la consecuencia de una mirada incompleta. Como esas figuras perennes y perfectamente inacabadas de Miguel Ángel. Esa maravillosa y edificante necesidad de callar que nace de la música de Victoria.

«¡Qué irresponsabilidad la de este atrevido y aprovechado Pepito Bergamín, poner un prólogo a las *Obras completas* de Antonio Machado, nada menos!», fue la declaración irrefrenable de Juan Ramón Jiménez.

En mi caso, aprovechado lo soy, de forma irreverente, casi abusiva. Siempre arrastro esa maldita hambre que va ilustrando esos –malditos también– huecos en los estómagos del entendimiento, y que en la música de Victoria y, por qué no, de Morales, queda más que en evidencia. Hölderlin, el poeta atrapado en su celda de madera, decidió declarar: *Singt Dir den alten Wiegengesang.*[1]

El filósofo que decía que el alma es el espejo de un universo indestructible, Leibniz, reveló que «la música se manifiesta, en amplia medida, mediante percepciones confusas y más o menos inadvertidas, que escapan a las percepciones más claras».

Estoy hablando de toda esa sensibilidad que se anticipa a la razón. Y solo *ella*, si la dejamos, se involucra dentro de nuestra piel.

Mi pregunta sería: ¿Cómo es posible que un mismo planeta albergue existencias paralelas, a *personas* –por denominarlas de alguna forma– como Miguel Ángel, Cervantes, Shakespeare o Victoria? Este último murió en 1611 y pocos años después se asomó al mundo Spinoza (1632/1677), y con él se originó una resonancia de la poética filosófica de lo que sería la música de Victoria: la *intuición*. Esa música concebida se trata de una realidad.

Miguel Ángel también fue poeta y en sus *Sonetos* –completos e incompletos– dijo marmoreando: «Hasta hoy me dejas-

---

[1] (La sabiduría) te canta su vieja canción de cuna.

teis, contento y agradecido / evitar y esquivar vuestro impetuoso maltrato...».

Poco antes de que Victoria llegara a Roma e ingresara en el Collegium Germanicum, moría el artista de Caprese.

«¿Quién sabe si morir no será vivir y aquello que los mortales llamamos vida no es más que la muerte?», Eurípides (484/406 a.C.), el retraído y huraño autor de *Electra*.

En el año 1911 –trescientos años después de morir Victoria– moría Mahler. Y un acierto cuando menos curioso y de afortunada coincidencia: en el año 2011 –cien años después– se le concedió a Josep Soler, el autor de este retrato, el Premio de la Música Iberoamericana Tomás Luis de Victoria. En fin. El tiempo con sus juegos caprichos.

¿De qué viaje estaba hablando el poeta de la divinidad? ¿Cuál es o ha sido nuestra vida? ¿Qué puede llegar a significar encontrarse? ¿Qué es un camino recto?

Todo es apariencia para poder sobrevivir mientras la muerte se abre paso. La mirada se filtró por la rendija del aislamiento, que con sus amables gestos admira la descripción de la obra artística. Es una necesidad. Escandalosa. Activa.

Cuando un artista tiene esa magnífica sensación de sentirse *acabado*, seguido de ese grotesco apellidado *vacío*, significa que todo fluye. Habría que aclarar que este caprichoso sentimiento creativo se implantó en los genes de la modernidad. A partir del s. XVII, creo.

La asfixia ha ido ganando terreno a través de las centurias. Los axiomas han incorporado la carencia de oxígeno. Pero Victoria pudo deslizarse por sus creaciones y así facilitar lo que sería el camino futuro de Soler y escribir sobre sus pasos.

Una *estirpe* humana, casi (me encanta la personalidad del sonido de la palabra), plena de claroscuros, pero que alzó la luz hacia un cielo desmotivado.

Heráclito: «Lo vivo y lo muerto son una cosa misma en nosotros»; Hölderlin, Rilke, que observando a la muerte dijo de ella: «Ahí está la muerte, un extracto azulado / en una taza sin platillo»; Leopoldo María Panero, Alfonso Costafreda y unos tantos pocos...

Victoria afirmó de forma simple y con rectitud, siempre, eso sí, con la ayuda de sus *hábitos* sonoros, que la Música nunca tendrá forma: será un *grito inaccesible*.

No puedo cerrar éste *Prologuillo* –como lo anuncia en su breve poema Juan Ramón Jiménez– sin dejar de aplaudir la extraña y sorprendente iniciativa de Antoni Bosch, editor, de decidirse a volver a editar esta exclusiva biografía, referente a esos tres o más momentos de una vida. La del compositor de Ávila. Pero ya en la primera edición, del año 1983, quedó sellada y ahora, después de tantos años, sigue intacta y vigente, gracias al trabajo científico que Soler *recibió*, no se sabe de dónde.

El tiempo intenta pasar. Él tiene la habilidad de situar los acontecimientos en los espacios que les corresponden en esos instantes. Para Victoria y para Soler, el tiempo fue y sigue siendo generoso. Estos dos escribas, artesanos de la sonoridad, despojados de cualquier época y de todas esas corrientes artísticas constantemente impuestas –frágiles y efímeras– como disfraz de la mediocridad; los dos supieron romper, sin proponérselo, sustentados por ella misma, con la tradición.

Su Música sigue gimiendo y seguirá haciéndolo, retorciéndose aún en la cuneta de los versos, la poesía de Lorca.

Empecé siendo un ladrón y voy a terminar como tal, robándole a Soler la mejor reflexión que hizo sobre el autor del *Officium Defunctorum*: «Fue y sigue siendo el maestro de la más aguda emoción».

A puerta abierta:
La necesidad me persigue cada día, sin olvidarse, con más
y más intensidad. Siento como si me estuviera apretando el
cuello un enjambre de espejos. Esa melancolía, convertida en
Música es:

Officium Defunctorum (1605), Tomás Luis de Victoria (Editado por Felipe
Pedrell; Leipzig, 1902/1913), *Opera omnia. Lectio* II (*Job*, X, 1-7).

Cuando siento esa tristeza shakesperiana, al límite, real.

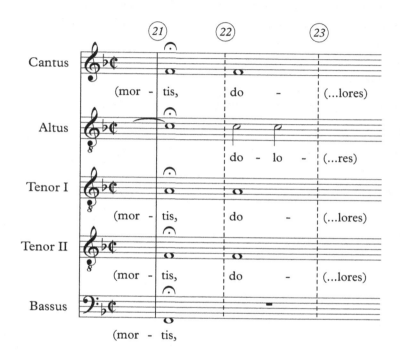

Circumdederunt me gemitus mortis (1549), Cristóbal de Morales (1500-1553) (Editado por Higini Anglès; Roma, 1971), *Opera omnia*. Vol. VIII (pág. 88/89) (Motetes- LXX) (*Salmo 17, 5-6*).

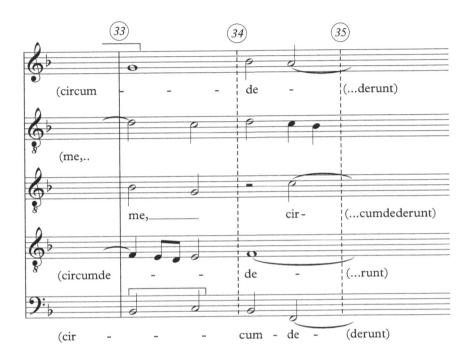

Es la tregua que me ofrece esa tristeza antes de la siguiente contracción. Un suspiro. El grito de la soledad. Esta música se convierte en pasarela para que pueda pasar al otro lado de la continuación de ese territorio.

Joan Pere Gil Bonfill

I
Introducción

La biografía de un compositor y, en este caso, de un músico de iglesia y sacerdote como Victoria –como, en general, la biografía de cualquier artista de cualquier época– no puede desligarse de nuestra forma actual de pensar y ser, en un mundo con una estructura política e ideológica particular. Por ello, la biografía de cualquier personaje tiene una doble vertiente: la de su tiempo y su circunstancia, envolviéndolo y definiéndolo, y la de nuestro tiempo, a través de cuya óptica nos podemos acercar a él e intentar un análisis que jamás podrá ser objetivo, ya que siempre habrá factores que afecten a la imagen que del personaje podamos tener y, finalmente, transmitir. El tiempo, sin embargo, no puede recobrarse ni revivirse como verdad, y menos aún como experiencia viva, repetible, para el lector o el espectador: solo la intuición, a través de datos, fechas, anécdotas y, muy en especial, a través de la obra de arte, recubriendo el espacio temporal y acercándonos a las distintas épocas y a los hombres que la configuraron con una capacidad de verdad que solo ella posee, nos permite reconstruir y volver a crear en nuestro interior –como realidad nuestra y solo nuestra, difícilmente comunicable– algo que quizá pueda parecerse a aquello que sucedió y que, aunque hayamos sido testigos directos, con el paso del tiempo se va deformando en el recuerdo y ya nunca –si no es con la iluminación proustiana de una misteriosa resurrección– volverá a ser ni igual ni real. Esta intuición, recubierta de datos y acompañada de los más diversos signos, es la que nos permite acceder a la historia y revivir algo acaecido ayer, hace cuatrocientos años o hace cuatro mil.

En nuestra apreciación solo resta la huella, un recuerdo casi platónico de una impresión que el tiempo siempre va deformando y que, por otra parte, nosotros intentamos considerar, analizar y sintetizar como imagen definitiva, imagen que transcurrió en el tiempo y que este, precisamente, se encarga de transformar y transmutar en algo precioso y rico o en una pura construcción intelectual y que solo depende de la voluntad, creando así una historia de la historia. Esta transformación y transmutación, a pesar de su radical invalidez, es lo único que nos resta y la única posibilidad de escribir una historia objetiva y científica: es una construcción y una estructura siempre afectada por la personalidad individual del que realiza este trabajo. Realizar este análisis y sus síntesis siempre se verá afectado por la situación económica, política, social y humana de este. Así pues, una aproximación –que quizá es lo único a lo que puede aspirarse–, un acercamiento a un músico clerical del siglo XVI estará teñida de lo aterrador de su circunstancia y del temor y temblor que esto pueda producirnos ahora, en nuestro momento. Por ello es por lo que, al intentar un análisis de las obras de un músico de iglesia del siglo XVI, donde podemos esperar hallar las bases estructurales que permitan revelar una imagen estética, técnica y moral que nos manifieste algunos de los más íntimos factores e impulsos que lo movieron en su actuación como hombre, como sacerdote y como músico, es en la descripción de las tensiones, dolorosas y llenas de pavor, en las que se veía sumergido por su naturaleza de fiel obediente y sincero de la Iglesia católica –detentadora de la verdad y convencida de ello sin ningún escrúpulo para hacer desaparecer cualquier voz disidente– y, en nuestro caso particular, por su condición de sacerdote de esta. Así, nuestro ensayo se apoyará en grado mínimo en la anécdota, por otra parte casi inexistente. En sus relaciones espirituales con los santos y los místicos de aquel momento y en el estudio de sus ideas de tipo estético o moral, expuestas en los prólogos de las ediciones de sus obras, será donde hallaremos su aspecto más vivo y real y de donde podremos sintetizar una imagen que, aunque deformada por los años y la estilización de los datos históricos u oportunistas que sus biógrafos o panegiristas nos han ido legando, poseerá aún un perfil razonablemente aceptable, que podrá considerarse válido como descripción de un hombre y de un músico.

La vida de Victoria transcurrió, como se sabe y como más adelante resumiremos, sin grandes acontecimientos ni anécdotas que puedan interesar o impresionar al lector o al oyente medio que intente acceder a sus obras. Su verdadera vida –que se transparenta a través de una aportación musical relativamente pequeña, en especial si se compara con la de sus coetáneos Morales, Palestrina u Orlando di Lasso– parece que se desarrolla solamente en un plano espiritual e ideal. Por lo menos, esto es casi lo único que ha llegado hasta nosotros a través de los escasos datos que de él poseemos, si exceptuamos la información procedente de quienes lo rodearon y que, a buen seguro, influyeron en su manera de ser o de obrar, personalmente, como sacerdote y como músico.

A un nivel estrictamente musical, y visto con una perspectiva de casi cuatro siglos y con la ayuda de estudios muy notables sobre la polifonía de los siglos XVI y XVII, Victoria no fue un compositor revolucionario como pudo ser Gesualdo. Sus *Responsoria* para el Oficio de Tinieblas, monumento extraordinario de invención musical y armónica, se editaron en

1611, después de los de Ingegneri (1588) y de los primeros en
ser publicados, los de Paolo Animuccia (ca. 1555). Los *Responsoría* de Victoria (1585) no superan armónicamente a los
de Ingegneri, que en un tiempo se atribuyeron a Palestrina.
No propuso técnicas ni estructuras formales nuevas, no inició
ampliación alguna de los campos armónico, rítmico, vocal o
instrumental. Su legado y su aportación musical, al reducir-
se exclusivamente a poner música a textos litúrgicos para ser
usados en las funciones religiosas, se limita a la sustancia, a su
peculiar talante de músico de iglesia y a su especial manera
de tejer las voces, siempre guiadas por una emoción auténtica
y dramática y un deseo de expresar, de hacer vivir el texto al
que la música solo sirve de soporte, como un medio más de
enunciarlo y magnificarlo, pero sin un interés que se centre en
el fenómeno musical en sí. Victoria no es un artista preocupado por la forma y la estructura de sus obras, sino un sacerdote
músico que escribe música para una circunstancia litúrgica o
eclesial determinada. Por ello, donde debemos buscar la base
que sustenta su obra y el fundamento de su aportación es en
su vida interior, en su actuación como religioso y en su relación con la política y el medio que lo rodeaba. El arte por el
arte carece de significado para él y en su obra se consuma la
compenetración de la vida con el arte: este será un concepto
contra el que lucharán, a finales del siglo pasado, Adolf Loos
y Karl Kraus; la meta del artista consciente debe ser el separar
el arte de la utilidad: «Todo lo que sirve a un propósito debe
ser excluido de la esfera del arte».[1] Y, más adelante, en 1909,
dice Loos: «La obra de arte es asunto personal del artista.
La casa (la música religiosa) no lo es [...]. La obra de arte no
es responsabilidad de nadie; la casa, de todos. [...] La obra
de arte es revolucionaria; la casa, conservadora».[2] Así, aunque
se establezca esta distinción entre propósito y arte o, precisamente porque esta existe, no cabe negar la categoría de artis-

ta a aquel a quien guía un propósito y una utilidad –como en el caso de Victoria–. A este respecto, hasta la música escrita bajo las directrices soviéticas puede constituir una obra de arte al mismo tiempo; si no lo es, se debe a que sus autores han descuidado u olvidado –por temor o por ingenuidad– la calidad del propósito y la angustia personal del creador que no debe transparentarse en el producto final.

Victoria no ha olvidado la calidad y es muy consciente de sus dones y de la bondad del producto final, aunque el propósito esté por encima de todo. Tal como ahora podemos ver con razonable seguridad, el compositor supo mantener un equilibrio raro e instintivo entre su propósito y el impulso artístico, personal y auténticamente creador que lo guiaba. Por ello, su música aún vive y tiene sentido para nosotros.

II

Noche pasiva del espíritu

Sangre

«[...] Lo vi coronado de espinas. Sus ojos, su rostro y su barba eran de sangre [...], sus mandíbulas, dislocadas, la boca abierta y sanguinolenta su lengua [...], el vientre, aplastado hacia atrás, tocaba la espalda como si Él no tuviese intestinos [...]». (Brígida de Suecia, *Revelaciones*).

«[...] Y así, decía estar escondida en el interior del Sagrado Corazón de Jesús, y sus labios posados siempre sobre la sagrada herida de su costado. Y rogó de nuevo a Jesús que le arrebatara su corazón y el Señor se le apareció y Catalina sintió que le arrancaba su corazón y se lo llevaba. Dos días más tarde volvió, portando un corazón rojo y muy brillante en sus manos, y aproximándose a ella le abrió el pecho, diciéndole: "Hija mía, te arrebaté tu corazón, pero hoy te entrego el mío, que desde ahora estará en lugar del tuyo [...]; posa tus labios sobre la divina herida; de ella se escapa la sangre y el fuego que borran los pecados"». (Catalina de Siena, *L'opere della serafica santa Caterina da Siena*, 1707-1726).

Ambas santas y escritoras vivieron en el siglo XIV −entre 1303 y 1380−. El talante que tan radical y visceralmente expresan las dos citas, como símbolo y signo natural, como modelo a seguir, era vigente con toda su fuerza e informaba a todos los fieles –que era todo el cuerpo social– de las Españas en el siglo xvi. En la época en que vivió Victoria no existía, como ideología o como sentimiento, la clase civil: todo estaba sacralizado y radicalmente sacralizado y para el hombre español de aquel entonces, vivir era solo una fugaz circunstancia, un pasar rápido, un ir hacia la muerte, asistido y confortado por los auxilios de los que sabían allanar este paso. El más allá era el único objetivo que públicamente se confesaba importante y auténtico y para el cual era preciso y necesario trabajar durante todas las horas del día, sin que ningún obstáculo ni circunstancia dificultara la finalidad del vivir, y era la única razón que existía para seguir aceptando los trabajos y penas cotidianos.

El triunfo de la muerte –tan vívidamente expresado por el Bosco o por Brueghel con un paisaje de hogueras, patíbulos, sangre y llantos– era el triunfo de la verdadera vida. Parecía como si no fuese posible concebir el triunfo de Afrodita, el triunfo del goce de vivir, de la serenidad, de la dignidad de ser hombre en el mundo, más que como algo que debía ser ahogado y despreciado con horror por una concepción cristiana en la que el mundo, el individuo y su problemática personal o social carecían de todo sentido, perdida su personalidad en la neurosis colectiva que casi dos mil años de historia habían desarrollado en Occidente: el signo de la cruz era un signo de dolor y necesario sufrimiento que convencía plenamente al inerme y receptivo hombre colonizado por Roma de que este mundo era un valle de lágrimas en el que convenía padecer lo más posible para alcanzar, de esta forma, en la otra vida, un premio proporcional a los sufrimientos. Se hizo del dolor una institución y de las alegrías de vivir, del propio cuerpo y su contacto con el mundo un pecado que solo la penitencia, el sufrimiento, podían borrar: Occidente se bañó espiritualmente –y, con harta frecuencia, físicamente– en la sangre mística del crucificado y también en la sangre de los que se opusieron a su reinado.

Victoria nace al costado de Giordano Bruno y muere cuando Shakespeare escribe *La tempestad*; todos ellos ven transcurrir su vida entre guerras, sangre y llanto, sangre humana y sangre divina que corre diariamente en holocaustos de liturgias bárbaras y mayestáticas en las que las suavísimas polifonías intentan hacer trascendente –a imitación de la liturgia celestial que celebra diariamente la jerarquía angélica– el sacrificio propiciatorio ofrecido al sanguinario dios bíblico, objetivado en un mar de sangre, en el cual se sumerge en su furor, *vestido con un manto empapado de sangre*, Jesús, ya convertido en el Cristo, hijo de Dios y Dios él mismo, dispensador de los contrarios –de todo bien y de todo mal– como una nueva Coatlicue, unificados bajo el chorro de sangre que cada día se ofrece en el sacrificio, incruento como tal, pero dogmáticamente real y con el que van aparejados los innumerables sacrificios humanos, bien reales y físicos, de todos los disidentes y no creyentes que la Iglesia pudo capturar bajo su poder. La Iglesia consume diariamente tanta sangre y tanta carne divina como podía hacerlo difícilmente el temible Moloch de Cartago: lo ominoso e irracional de estas aterradoras liturgias incidía fuertemente y con amenazadora insistencia en los fieles y en el sacerdote. Por otra parte, una religión, con todo lo que esta comporta, en la que su signo supremo es un hombre crucificado al que por todos lados y por todos los conceptos hay que ver y contemplar diariamente –y tratar de sentir sus dolores y frustraciones–,[3] tenía que crear una fortísima neurosis de temor y agresividad. No es extraño que la historia del cristianismo sea, simultáneamente, la historia de guerras, crímenes e intolerancias sin cuento que han sido y siguen siendo aún el paisaje en el que se ha desarrollado y sigue desarrollándose –ahora ya en su larga agonía– la evolución de este, en su inexorable e inevitable avance hacia la curva final.

Lo sagrado, lo que es totalmente heterogéneo, lo otro, aparece ante los ojos y el entendimiento del súbdito/fiel como algo absolutamente incontrolable –la Providencia– e inmenso –la voluntad divina–. Su fuerza cósmica es avasalladora e irracional y su benignidad o malignidad implacables y sin razón que justifique en absoluto sus actos, aunque el hombre medio intente, con sacrificios y plegarias –entonces y ahora–, aplacar las iras del dios y procure conseguir su benevolencia, ya directamente, ya mediante la intercesión de su madre y esposa divina, o de alguno de los miembros más o menos influyentes de la corte celestial.

Civilizaciones que llegaron a los más altos grados de refinamiento moral e intelectual y cuya sensibilidad al fenómeno religioso o místico era exquisita[4] degradaron, después de sus raros momentos de iluminación, a sus dioses o a sus intuiciones, situados en las más altas cimas de la abstracción, a símbolos y representaciones del temor humano (ya que no solo el pensar y su conciencia distingue al hombre del animal, sino también –y esto en el mayor grado– la conciencia del temor ante el mundo y su entorno) que, precisamente por lo agudo e intenso de este, engendra imágenes cada vez más horribles y monstruosas. La cultura azteca, ante cuyos sacrificios retrocedían atemorizados los mismos conquistadores, expresó en la imagen de la Coatlicue una de las más extraordinarias objetivaciones de lo sagrado, degenerado ya al nivel de lo monstruoso: «[...] garras gigantes los pies; falda de serpientes [...], collar de manos y corazones; ojos celestes en todo el cuerpo, y de su torso decapitado surgiendo, como chorros sanguíneos, dos serpientes que se encuentran en el centro en un ósculo feroz».[5] Pero ya entre 1510 y 1515, en Occidente, Matthias Grünewald –Matías el Pintor– creó en el retablo de Isenheim el equivalente cristiano de la diosa de la tierra azteca: las serpientes retorcidas que constituían el cuerpo divino vienen a ser ahora una carne torturada y sangrante; el Cristo (ya que se trata de un dios agonizante) de Isenheim, como el de Karlsruhe, expresa, a través de sus espasmos, de un delirio ominoso y cósmico, lo aterrador y fatal de un talante de vida y de religación esencialmente destructivo y mortífero. La pulsión de muerte era elevada al supremo grado, ya que era el mismo Dios quien moría y quien se veía destruido con evidentes e implacables muestras de descomposición y corrupción.

Nadie como Huysmans ha sabido describir la imagen –símbolo o ídolo– ante la cual el creyente o el hombre se sienten anonadados y esencialmente culpables:

> [...] allí colgaba el Cristo formidable en la cruz, y cuyo tronco se hallaba atravesado, a modo de brazos, por la rama de un árbol que se curvaba en forma de arco bajo el peso del cuerpo.
>
> Esta rama parecía querer enderezarse y rechazar por piedad, lejos de este mundo de ultrajes y de crímenes, esta pobre carne que los enormes clavos que horadaban sus pies mantenían contra el suelo.
>
> Dislocados, casi desprendidos de los hombros, los brazos del Cristo parecían agarrotados en toda su longitud por las cuerdas arrolladas de los músculos. La axila crujía bajo la tensión; las grandes manos estaban abiertas, con los dedos salvajes en un gesto confuso de bendición, en el que se veían oraciones y reproches; el pecho temblaba, manchado por el sudor; el torso marcado por los estigmas en forma de maderas curvadas; las carnes se dilataban, inflamadas y azuladas, salpicadas por picaduras de pulgas, con señales como si hubiesen sufrido el pinchazo de múltiples agujas, por las puntas de los flagelos que, habiéndose roto sobre la piel, la acribillaban, aquí y allá, de astillas.

La hora de la purulencia ya había llegado: la llaga del costado fluía aún más espesa sobre la cadera, con sangre parecida al oscuro jugo de las moras; rojas serosidades, materias lechosas, aguas semejantes a vinos grises de Mosella rezumaban del pecho empapando el vientre, debajo del cual ondulaba un arrugado trozo de paño; y las rodillas habían sido tan fuertemente apretadas que sus rótulas entrechocaban, mientras que las piernas se torcían, encontrándose solo allí donde los pies, uno encima del otro, dislocados, ya florecían en plena putrefacción, viniendo a ser de un color verde entre ríos de sangre. Estos pies, esponjosos y coagulados, eran horribles; la carne se hinchaba y sobresalía por encima de la cabeza del clavo y sus dedos crispados contradecían el gesto implorante de las manos, maldiciendo, casi arañando con sus uñas azules el ocre de la tierra, impregnada de hierro, casi parecida a los suelos empurpurados de Turingia.

En lo alto de este cadáver en erupción, aparecía la cabeza, tumultuosa y enorme; rodeada de una desordenada corona de espinos, colgaba, extenuada, con una expresión de dolor y espanto, surgiendo todavía de un ojo entreabierto y desencajado; la cara era montañosa, la frente arrasada, las mejillas desecadas; todos sus rasgos, trastocados, lloraban, mientras que la boca, desollada, reía, contraída su mandíbula por espasmos tetánicos, atroces.

El suplicio había sido espantoso y los verdugos habían huido aterrados.

Y ahora, contra un cielo de un azul nocturno, la cruz parecía doblarse, muy baja, casi hasta el suelo, custodiada por dos figuras que se situaban una a cada lado del Cristo: una de ellas, la Virgen...

[...] Mas de esta cabeza, cubierta de úlceras, se filtraban sutiles resplandores; una expresión sobrehumana iluminaba la efervescencia de las carnes, las convulsiones de sus rasgos. Esta carroña allí expuesta era la de un Dios y, sin aureola, sin nimbo, con el simple adorno de esta corona desgreñada, sembrada de manchas rojas por los coágulos de sangre, aparecía Jesús en su celestial supraesencia, entre la Virgen, aniquilada, ebria de llantos, y San Juan, cuyos ojos calcinados ya no podían fundir las lágrimas [...].[6]

Esta sacralización del supremo horror, como objetivación de lo demoníaco, del costado oscuro y feroz de la divinidad, palpita en todas las religiones, pero en ninguna como en las semíticas y, muy en especial, en la judaica.[7] En el Libro de Job, lo irracional de la actividad de un dios como Elhoim, celoso, inconsecuente y sujeto a los arrebatos de un furor que lo hace destructivo en grado sobrehumano y emisor de juicios totalmente amorales –a nuestro nivel y según nuestra manera de pensarse– patentiza en una imagen divina, aterradora y vengativa, antropomorfizada en su peor dimensión, como pocas veces se haya expresado en las literaturas o en las liturgias de cualquier religión. Únicamente podría compararse con el dios católico, jesuita y de final de siglo, descrito por James Joyce, creador del infierno en el que eternamente se complacen su amor y su justicia.[8]

Esta imagen, que a través de los siglos ha creado en el hombre occidental y cristiano un atroz complejo de temor y frustración, anclado en una especial y típica indiferencia por el sufrimiento de sus semejantes,[9] ha creado, asimismo, un fatalismo –llevado a sus últimas consecuencias en el Islam– totalmente amoral y resignado: recuérdese la larga y exasperante querella sobre la predestinación. Todo ello define el talante básico con el que tenían que enfrentarse –de grado o por fuerza– los fieles católicos o protestantes de la época.[10]

El Libro de Job ejerció una profunda influencia en la época en la que vivió Victoria. La lucha desigual pero de resultados imprevisibles entre el hombre y la divinidad, que allí se presenta como un objeto totalmente amoral, sin ninguna justificación racional o moral que guíe sus actos, es la lucha –claramente delineada– de la humanidad contra los fantasmas de sus omnipotentes dioses –espirituales o políticos, de Iglesia o de Partido– contra los que parecía imposible cualquier victoria. La sumisión o el sacrificio parecían ser la única salida posible para cualquier ser humano, carente de fuerzas, frente al arrebato cósmico e irracional de los dioses padres y creadores y, de hecho, la respuesta de Elhoim a Job es una respuesta únicamente de fuerza y de una total amoralidad en sus actos y en sus pretendidas justificaciones. El despliegue de la majestad de todas sus obras y la geométrica perfección de estas, en las que parece hallar una profunda y orgullosa complacencia, y la autosatisfacción –pueril y grotesca, si no trágica, dada la diferencia de fuerzas y personalidades–, la vanidad del creador frente a la total impotencia de Job son, como respuesta, de una total ambigüedad, ya que con ello nada demuestra y Job, al ceder humildemente a su voluntad, adquiere la auténtica fuerza y la razón que otorga un acto moral de un nivel inmensamente superior. Mas, desde el punto de vista de Elhoim, hecho a imagen de un monarca o faraón oriental –recuérdese la influencia egipcia en la elaboración de este libro–, suceda lo que suceda, sea cual fuere el juicio moral que nos merezcan sus actos, la voluntad divina siempre es buena y siempre es totalmente heterogénea, tanto al mal como al bien, considerados éstos desde una óptica humana, y siempre trasciende estos conceptos, meramente humanos y contingentes. La divinidad está más allá de cualquier predicado, criterio o nivel moral, únicamente cabe reconocerle el ser (y aun ciertos místicos lo situarán más allá de este estado) y este, su esencia, justifica cualquier juicio de valor humano.[11]

Imagen de la *Historia evangélica*, del jesuita Jerónimo Nadal.
(1593). (The Internet Archive, archive.org).

Dominio

El triunfo del férreo yugo eclesiástico –entonces y ahora– y el triunfo de la jerarquía civil, que consideraba mejor que «sufriese uno solo antes que se pusiera en duda su autoridad» (ya que a los tribunales les parecía «menor inconveniente que padezca uno que no hacer sospechosa su autoridad y prestigio») era el triunfo de la intolerancia y del miedo: intolerancia ante la libre opinión y miedo por lo que pudiera suceder en el caso de que esta opinión pudiera expresarse y vivirse libremente. Por otra parte, hay que reconocerlo, era también el triunfo de una fe ciega ajena a toda duda acerca del más allá y de las exigencias que esto comportaba. Frente a ella, la vida del hombre, su hacienda y todo aquello que amaba y poseía carecían de importancia; ya Sófocles, al escribir dentro de una sociedad con jerarquías sacralizadas muy semejantes a las de España en aquel entonces, en boca de Creón[12] justificaba cruelmente al gobernante: hay que obedecerle en las cosas justas y en las injustas; la ciudad –el orbe– pertenece, por ley y por el derecho de la jerarquía que estructura las clases sociales, a su *amo*.

Y el amo, gobernante, rey o dictador, siempre por derecho divino, posee la suprema razón de su jerarquía, del poder que se le concede desde lo alto: por ello, la vida y la muerte le pertenecen y nada puede oponérsele ni objetársele ante la verdad absoluta y auténtica que detenta.

Ante él, todos son culpables y, por el solo hecho de existir, se asume ya una culpabilidad esencial y una tensión jerárquica que lleva implícita la sumisión del inferior y la íntima convicción de su nulidad como ser y como voluntad: el castigo –divino o, por representación, humano– antecede al delito. Ser hombre es ya un delito y asumir el estado de hombre es asumir la culpabilidad esencial, inmanente a este objeto de la justicia, ya que el hombre es solo un objeto sobre el que se deposita el furor vindicativo de la Fuerza que ataca a Job –supremo ejemplo en el que se contemplan los hombres del Medievo y del Renacimiento– y la de sus representantes terrestres, a los que se ha transferido la jerarquía que se justifica por el hecho de pertenecer a ella, pero que jamás extiende o amplía el ámbito de su justificación.

Año de 1548: el 11 de septiembre se publica en Roma la traducción latina de los *Ejercicios espirituales* (escritos entre 1522 y 1535) de Ignacio de Loyola, para «preparar y disponer el ánima, para quitar de sí todas las afecciones desordenadas, y después de quitadas, para buscar y hallar la voluntad divina en la disposición de su vida para la salud del ánima». En el mismo año, como trágico símbolo de dos caminos divergentes, nacía Giordano Bruno.

Ignacio fundaría una orden rígidamente jerárquica y meticulosamente contabilizada y catalogada, en la que se transparenta el origen militar de su primer *general*. Este nos dejó únicamente unos breves escritos, aunque su *Diario espiritual* y sus *Ejercicios* son de un raro refinamiento psicológico y de una agudísima penetración en el arte de dirigir y condicionar a un inferior, jerárquico o intelectual. O, simplemente, a aquel que se ha puesto bajo el control del superior quien, bajo la estructura admirablemente organizada y cuantificada de las materias y de los días en los que estas se desarrollan y abrazan al ejercitante, actúa como guía con un fin muy definido y concreto; la mayor gloria de Dios, a través de la obediencia a las jerarquías eclesiásticas. Para la consecución de este fin, el ejercitante debe conocer a la perfección, sin error ni posibilidad de extravío, el sendero preciso, las palabras adecuadas y los gestos, movimientos e impulsos que, aplicados correctamente, le llevarán a alcanzar lo que quiere. Por otra parte, la voluntad del que está bajo esta guía es y puede ser solo una, por lo que la libre elección, la libertad de seguir aquello que en conciencia se cree justo, desaparece por completo: solo puede escogerse aquello que ya desde el principio se ha decidido que es correcto; y esto solo pueden ser las enseñanzas de la Iglesia y la lectura que la tradición ha ido realizando, a través de los años, de los textos harto ambiguos pero tendentes todos ellos a garantizar el nuevo orden que se pretende instaurar y para el cual se ha fundado y organizado la Iglesia. Así, de las supuestas enseñanzas de Cristo, su supuesto fundador, y con un extraño olvido de la insistencia de este en la próxima llegada del Reino de Dios, se insiste únicamente en el factor jerárquico, definido en términos militares y para el cual, como base fundamental, se exige al creyente una obediencia ciega –por más que posteriormente se haya pretendido matizar este aspecto– y del que se espera que, cumpliendo los requisitos litúrgicos, las ceremonias precisas y acondicionado con los sacramentos obligatorios, venga a ser un *fiel hijo de la Iglesia* y, al mismo tiempo, consiga así, mediante estos múltiples seguros, la felicidad –suya y particular– en la eternidad.

La relación entre guía y ejercitante es notablemente ambigua: el primero, a través de la confesión, accede a lo más íntimo del ejercitante, pudiendo así calibrar, voluntariamente o no, el nivel de sus emociones, desde su posición frente a la divinidad, sea o no a través del estamento eclesial, hasta sus más recónditos impulsos afectivos: entre dominante y dominado siempre existe una especie de amor muy particular, teñido de odio, así como un ansia de liberación que enmascara un recóndito deseo de ser poseído por aquel que domina y que, por lo que de él conoce y sabe, ha desarrollado una amplia capacidad de desprecio. El que guía, por naturaleza y a pesar de que oficialmente se reconozca pecador, está situado a otro nivel de calidad moral y sus enseñanzas e indicaciones tienen algo de la infalibilidad y la indiferencia del que se sabe puro e irreprochable. Así, entre ambos se desarrolla una pasión.

Esta pasión, tal y como pertenece a su esencia, es destructiva, devoradora: el guía debe saber los caminos, las palabras que conmueven, los gestos precisos, para poder alcanzar al hombre nuevo, para que el paciente extraiga de su interior todo aquello que debe ser destruido y aborrecido. Sin embargo, esta destrucción es siempre unilateral: es el guía quien dictamina qué cosa debe ser destruida y qué cosa debe ser conservada y preservada. A semejanza de la célebre imagen del bastón en manos del superior, el ejercitante es sacudido, obligado a aceptar esto o a desprenderse de aquello; siempre está escogiendo, pero su libertad se reduce a obedecer solo al maestro. Por otra parte, el libro de los *Ejercicios* está escrito únicamente para el director, no para el ejercitante, y este se encuentra solo frente a la interpretación que el director hace del texto ignaciano. Esta interpretación es siempre una agresión a la personalidad del ejercitante. El guía da los ejercicios y los da desde la altura de su superioridad y esta le permite condenar y obligar y, por su propia condición, los dirige hacia un lugar o un estado determinado y no otro.

En esta dialéctica entre dos tensiones compartidas, los ejercicios implican un gran trabajo y un esfuerzo; mas este no solo es mutua agresión, sino también ataque devorador en el cual, por encima del impulso carnal, el impulso del poder intelectual y moral del director se esparce sobre el ejercitante y lo atrae violentamente a su propia esfera. Los *Ejercicios*, como más tarde los infinitos catálogos y enumeraciones que se establecen en las obras del Marqués de Sade, son obra de un estructuralista: son organizaciones de la pasión y son unísonos que se intentan establecer entre alguien que ya sabe y un paciente que quiere y debería saber; esta sabiduría es la asunción y la aceptación incondicional de la ley y de sus límites. Ignacio cita en su obra constantemente la palabra *discernimiento*: esta implica exclusión y límite, implica saber escoger entre esto o aquello y saber rechazar un determinado campo de ideas o de imágenes para aceptar otro determinado campo legitimado por la ley. El libro de los *Ejercicios*, breve, seco, código de preguntas y de actos en potencia y que no debe ser leído sino realizado, vivido, es un libro que presupone la creación de un lenguaje y una comunicación, no por el mismo libro, sino por la sugestión de este, que actúa como una enzima provocadora mas nunca comunicante.

En el caso de Ignacio de Loyola la creación de un lenguaje, de unos ejercicios que deben realizarse y la dependencia –de verdugo a paciente– que se establece entre el que da los ejercicios y el ejercitante, hace que se cree un juego aún posible de jugar en la actualidad y que el campo en el que este se desarrolla sea un campo todavía comprensible al ejercitante –de cualquier tipo que sea– que pretenda saber –al nivel que sea– qué es lo que tiene que hacer.

Este campo es un espacio teatral, como lo será el espacio litúrgico en el altar; en el centro –arriba, ya que la divinidad está siempre arriba, en lo alto y para acceder a ella hay que levantar los ojos– está la Palabra, la máquina dadora de signos (o, por lo menos, la máquina que se espera que los dé y que se supone y se sabe que es capaz de darlos si se ponen los medios necesarios y adecuados para ello). Actor y espectador, el ejercitante desarrolla su cotidiana liturgia de ceremonias, pasos, gestos, lágrimas, etc., determinados y establecidos de antemano. Su imaginación crea espacios y paisajes inexistentes, pero supuestamente parecidos a aquellos lugares, más o menos reales, en los que se desarrolló o se desarrolla ahora, en este momento, la pasión del dios o el resultado de su justicia: el sudor de Getsemaní o el hedor del infierno deben volver a ser creados, sudados y olidos de una manera física, sensible y real. Así se creará una base también real, en la que pueda transcurrir el teatro, el diálogo con el que da los ejercicios, y en la que puedan ambos esperar la posible dádiva del signo. Conseguido este y ya sabiendo qué es lo que debo hacer, la libertad del individuo se diluye en la voluntad condicionante de la Presencia que ya ha dicho qué cosa debe hacerse. Así, de todo ejercitante, por su condición de serlo y supuesta la respuesta –que se supone llegará, dada la admirable y perfecta maquinaria que la provoca–, ha desaparecido la libertad de escoger y resta solo el enrolarse, inevitablemente, bajo una determinada bandera: el lenguaje se ha convertido en un arma de dominio y, por ello, como ya era de prever, la práctica de los *Ejercicios* vino a ser algo muy esencial dentro de! engranaje jerárquico de la Iglesia.[13]

El lenguaje de los *Ejercicios* es un lenguaje de poder y de dominio y la mecánica de su actuación, aun a nivel personal y particular, es un arma poderosísima con la que el poder establecido puede controlar y dirigir a sus súbditos; el poder es siempre irracional, porque irracional es su máximo y quizá único instrumento, el terror. Y esto es lo que trata de organizar este lenguaje: la estructura del terror.

«La teofanía que Ignacio busca metódicamente es, de hecho, una semiofanía; lo que trata de obtener, más que la presencia y el conocimiento de Dios, es el signo; el lenguaje es su horizonte definitivo».[14]

El lenguaje; mas este lenguaje se inventa, se halla, a través de un libro –bien peculiar– que no debe ser leído, sino interpretado y vivido: solo hay otro arte que, por analogía, le sea semejante y es el teatro; este se escribe, pero lo escrito es solo el símbolo de lo que debe decirse y que halla solo su plena interpretación al ser dicho y vivido en la escena, con las peculiares expresiones y tonos de voz con que el actor debe traducir el texto que el autor le entrega: los célebres monólogos de Macbeth o de Hamlet adquieren significados muy diversos y signos muy contradictorios según sea la entonación o el grado de violencia o de énfasis especial que el actor imprima a sus palabras, o, según cuál sea la bifurcación que tome ante la ambigüedad del texto; este tiene solo un sentido potencial y únicamente representándolo podrá tener un posible sentido –uno de tantos–.

Los *Ejercicios* son una sugestión para actuar y –a pesar de la excepcional importancia que ha tenido en la evolución del talante religioso de Occidente– no es un libro para ser leído ni meditado; es un texto que empuja a considerar la posibilidad de un lenguaje y, tal como era de esperar de su autor, este lenguaje no es para comunicarse, sino solo para recibir órdenes, para conseguir saber qué es lo que debo hacer, para conseguir el discernimiento, y, en resumen, para tener la seguridad de que se está cumpliendo y realizando la voluntad de Dios. No trata de entablar un diálogo con Él, ni de que el ejercitante pueda intentar describir y explanar sus problemas en un intento de conseguir ayuda o consuelo. Este lenguaje solo marcha en una determinada –y única– dirección y solo transmite órdenes que así configuran una voluntad: este lenguaje solo tiene sentido de arriba abajo y en dirección contraria no significa nada.

No obstante, para conseguir respuesta es preciso organizar la escucha y, con ella, la contabilidad de aquello que puede ayudar a obtenerla y de aquello que puede dificultar su recepción: esta máquina contabilizadora de faltas más o menos graves y de los remedios con que estas pueden ser evitadas o apartadas, es una máquina que se alimenta a sí misma y que a sí misma se devora; el ejercitante no espera un contacto ni una unión, sino solo un signo determinante hacia un lado u otro; es la expresión de una voluntad coaccionante y la espera –tal como hace notar Barthes–, que no vacía el espíritu para dejar paso a las imágenes de esta voluntad sino que, como paradoja, llena la imaginación con el máximo de imágenes posibles sobre las que, en el futuro, podrá planear el imperativo divino. Ignacio «trata de neurotizar, con un carácter obsesivo de contabilidad y con un esfuerzo para llenar un vacío, al ejercitante». El místico medieval, bajo la potente influencia de los escritos del Pseudo Dionisio, se esforzaba en vaciarse de imágenes, se esforzaba en alcanzar un estado de total disponibilidad por una falta asimismo total de imágenes en la voluntad: la tiniebla divina era la pura nada y el ejercitante debía intentar asemejarse lo más posible a la absoluta y esencial desnudez, «[...] esforzándose en dejar [el ejercicio] de los sentidos y de las operaciones intelectuales, y no solo lo que es sensible e inteligible, sino también aquellas cosas que son y aquellas cosas que no son [...], para poder unirse mediante el no conocimiento con Aquél [...] y así, saliendo de sí mismo, abandonando todas las cosas en un impetuoso impulso, pueda ser elevado hacia los rayos de tinieblas [traducción de Juan de la Cruz] después de haber todo abandonado y de haberse despojado de todo [...]».[15]

Pero ahora Ignacio propone una operación diferente y una lectura diferente de aquello a lo que debe tender el paciente: no es la figura divina lo que debe alcanzarse, sino su voluntad agente. El hombre es solo un medio en manos de una voluntad equívoca y ambigua que, a diferencia del oráculo, ni siquiera emite signos, aunque se espera que lo haga.

Arte

Esta espera es una organización ritual del Adviento divino, de la Epifanía que, con temor y temblor, se supone llegará en un determinado momento. La estructuración de esta espera y su peculiar mecánica llevará a extremos asombrosos: «[...] tercer modo de orar por compás: con cada anhelo o resuello se ha de orar mentalmente diciendo una palabra del *Pater Noster* [...] de manera que una sola palabra se diga entre un anhelo y otro, y mientras durare el tiempo de un anhelo a otro, se mire principalmente en la significación de la tal palabra, [...] o en la bajeza de sí mismo [...]».[16] Esto solo puede concebirse dentro de un talante social y personal, tan férreamente controlado y estructurado, que el individuo como unidad, como voluntad y responsabilidad, desaparece o tiene que afrontar el peligro de ser considerado un cuerpo extraño al que hay que curar o extirpar. La hoguera, que años más tarde consumirá a Giordano Bruno, es una buena prueba de ello; cualquier expresión de individualidad o de un sentir autónomo que enfrente la conciencia personal con la ortodoxia del Partido, es castigada ferozmente por la Santa Madre Iglesia, madre implacable y que justifica cualquier medio de represión o de castigo y cualquier coacción por la necesidad de mantener la pureza del cuerpo místico y su esencial santidad; madre que desde el reinado de Constantino, vencedora ya de los antiguos dioses de Roma, se asentó sobre un baño de sangre —semejante o peor al que ella sufrió durante el reinado de los Césares—. En esta época se inicia el largo período de la *Iglesia perseguida y mártir*, aunque esta jamás haya aludido al período, asimismo largo, de la *Iglesia perseguidora y martirizadora*. Por razones de Estado, que rápidamente se confunden con los intereses de la Iglesia, esta se constituye como dueña de haciendas y de conciencias y, bajo la ciega creencia de que es la depositaria única y fiel de la verdad y la voluntad divinas, estructura una teocracia en la que la supuesta voluntad divina se confunde con la voluntad eclesial y sus conveniencias políticas o económicas.

Sin embargo, el hombre eclesiástico, que vive este *status* de buena fe y con convicción, está abocado a una tensión permanente y tanto mayor cuanto más profunda sea su creencia –su fe– y cuanto más integrado se sienta en una máquina dadora de signos pero necesitada de sangre para poder emitirlos y promulgarlos: la tensión emocional del hombre que vive en una teocracia real y que se siente vigilado por el ojo divino y por los ángeles custodios tiene que ser un límite de autotortura y destrucción; los místicos hablan suficientemente de ello y, desde el Islam hasta la España renacentista, desde los neoplatónicos hasta las supremas abstracciones del Maestro Eckhard, todos ellos manifiestan –a veces con un grado de violencia física insoportable– esta lenta destrucción del ser humano bajo la fuerza devoradora, desconocida y metafísica, pero también muy real, que lo engulle: «[...] en la noche es horadada mi boca con dolores, y los que me comen no duermen [...]». Esta cita que Juan de la Cruz hace del Libro de Job,[17] explica, de manera gráfica en extremo, la demoníaca y celosa operación de la triple divinidad bajo la que se siente aplastado; para el poeta esta tensión es fructífera y de ella sabe extraer la obra de arte que la justifica y da una razón de ser al autor.

Pero este hombre de iglesia no siempre sabe trascender sus propias frustraciones personales, emocionales o religiosas, en obras de arte; con mucha frecuencia, con demasiada frecuencia, se convierte en un juez intolerante, en un verdugo mezquino al que la obra de arte le es totalmente indiferente: así, solo un verdadero milagro, la intervención de la Academia de San Lucas evita que Clemente VIII destruya el *Juicio Final* de la Capilla Sixtina; allí, Miguel Ángel exorcizaba sus angustiosos temores y con ello nos dejaba un legado pictórico y psicológico incomparable, que estuvo a punto de ser destruido por completo por un papa que se sentía ofendido

por los desnudos que aún subsistían después de los retoques
y arreglos hipócritas que ya se habían realizado en 1559 y en
1566 por Pablo IV y Pío V. La obra de arte no tenía ningún
sentido –como nunca la ha tenido para la Iglesia de Roma–.
Se trataba de usar de la pintura, la música, la escultura, solo
como un medio para alienar más y más al hombre fiel; era un
medio y, como tal, debía ser usado y valorado independien-
temente de su valor intrínseco y aunque su autor se llamara
Miguel Angel.

Así, la obra de arte es un excitante, un medio para conseguir un signo o una respuesta, ya que a la divinidad –situada
en una corte celestial– se la considera capaz de emitir favores
o castigos, ayudada, condicionada o aconsejada por sus más
directos colaboradores, a los que es preciso propiciar e influir, desde los más altos –la Madre celestial– a los más inferio-
res –cualquier santo mártir local–. Esta celosa divinidad, en
un contexto jerárquico y en una neta transposición celeste de
la corte terrenal, es extremadamente agresiva y, a semejanza
de sus delegados terrenos, emite sus favores según le place y
según conviene a su inescrutable voluntad: por lo tanto, ocurra lo que ocurra, siempre es bueno, ya que la voluntad que
está detrás es la bondad suprema. Con estas premisas, el dominio del mundo estaba asegurado y Roma no dejó escapar la
ocasión y así continuó esta larga e inacabable serie de sucesos
históricos que, desde la más remota antigüedad, configuran
la historia humana: una teoría que oprime y ordena y una inmensa masa que, dominada por el sádico placer de estar hu-
millada y poseída, sigue silenciosamente las leyes y las reglas
precisas que se le promulgan: el placer de dominar es solo
ligeramente inferior al placer de ser dominado y la dialéctica
que entre ellos se establece es una pasión, una relación de in-
terrogantes y respuestas que la Iglesia sabe poner en escena,
admirablemente, en sus oficios religiosos y en la liturgia.

FERIA II. POST DOMIN. I. QVADRAG.
Iudicium vniuersale.   99
Matth. xxv.   *Anno xxxiij.*   xxviij

A. IESVS *in throno gloriæ sedens, iudicium exercet.*

B. *Cœli, Planetæ, & Stellæ longe illustriores, quàm antea.*

C. *Circumstant* IESVM *omnes Angelorum ordines.*

D. *Assidet Filio Virgo Mater, & suo gradu electi omnes.*

E. *Elementa noua; purissimum, & liquidissimum Ignis elementum.*

F. *Aeris, lucidum, amœnum, pacatissimum, nulla regionum diuersitate.*

G. *Aquæ, purgatissimum, clarum tranquillum.*

H. *Terræ, purum, ac simplex, omnibus tum naturæ, tum artis operibus liberum.*

I. *Ministerio Angelorum, et imperio Christi, boni à malis separantur.*

K. *Boni audiunt à Christo Venite benedicti &c. Mali; Ite maledicti.*

L. *Inferni horrendum os apertum damnatos cum diabolis deuorat.*

M. *Peracto iudicio, Christus intelligitur ascendere in empyreum Cœlum cum Angelis, & sanctis omnibus, regnaturus in æternum.*

Imagen de la *Historia evangélica,* del jesuita Jerónimo Nadal (1593).
(The Internet Archive, archive.org).

Pero la liturgia no tiene como objeto la búsqueda de una voluntad que hable y condicione, sino la estructuración de una serie de ceremonias apaciguadoras y propiciatorias para alcanzar la benevolencia del ser que acecha y que, quizá, emitirá algún signo. La relación litúrgica es unívoca y solo de abajo arriba: al dios se le tranquiliza con sacrificios y con el suave olor del incienso; una vez realizado esto, el fiel ya no puede hacer más y sólo le cabe esperar el resultado de sus esfuerzos. La liturgia presupone una gran ópera y en el Barroco italiano o español alcanza resplandores que solo el cine o ciertas representaciones de ópera actuales llegarán a igualar. Estos celestiales fulgores presuponen, como máxima posibilidad de exaltación el uso de la música, en el órgano o en las voces del coro: en estas y en la resplandeciente intervención del órgano se confiaba la base, el fondo encantatorio sobre el que descansan las divinas palabras, abstractas e incomprensibles para el pueblo, de los sacerdotes. Sin embargo, un texto ininteligible, pero que debe decirse –a horas determinadas y en momentos y días determinados– lleva ínsita una potente carga para impetrar a la Presencia nunca visible que el hombre de aquel momento siente como algo real y verdadero. Este ignora qué es lo que se le dice, pero sabe que aquello es lo justo y lo adecuado y que –quizá– la Presencia conteste con una señal, señal que carece de significado para el no iniciado y que, por absoluta necesidad y por su misma esencia, necesita del intermediario, del traductor autorizado por la Iglesia y la Tradición para ser descifrada y para que se extraigan de ella las consecuencias precisas, el *qué es lo que quiero*.

El fondo encantatorio de la música de órgano o de las polifonías del coro es, por su misma naturaleza, un signo que –en el caso del órgano– resulta totalmente indiferente y carente de cualquier significación concreta: es solo sonido que, en sí, nada significa ni nada enuncia. En la intención del organista, o del compositor puede haber un deseo de reproduclr con sus músicas las ceremonias celestiales que las jerarquías angélicas celebran eternamente frente a la triple divinidad, tal como están descritas en los textos de Isaías y del Apocalipsis o glosadas por el Pseudo Dionisio en sus escritos. Este afán de reproducir, de mimar aquello que se desea poseer es un afán dramático: es teatro y, en este caso, es un teatro totalmente irracional, ya que se trata de reproducir aquello que se ha sugerido solo por analogías o se ha descrito solo con imágenes procedentes de unas supuestas asistencias a las fiestas o a las liturgias de las cortes de Babilonia o Roma: es un paisaje imaginario el que se pretende reproducir y el que se pretende evocar. La polifonía presupone unos textos –en lengua litúrgica– que, al ser cantados por las diversas voces pierden prácticamente su sentido para venir a ser solo sílabas sobre las que articular la música. El signo se desarticula, se descompone en fragmentos que, en el orden que sea, aún siguen poseyendo su fuerza y su magia propias, ajenos a la sucesión más o menos lógica con que son enunciados.

Pero para el jerarca lo importante es el fin que se pretende conseguir y los medios para llegar a este son indiferentes; no se trata de solucionar un problema estético ni ético, sino de hallar un medio circunstancial que permita acceder al resultado apetecido, es decir, la fe ciega y la obediencia al poder establecido. Para ello se acude al hacer salir de sí al fiel, incapacitándolo al máximo en su posible análisis interno y, al mismo tiempo, obligándolo a descansar en una larga teoría de elementos externos condicionantes y de reconocida utilidad pública.

La música, quizá nacida en sus comienzos como suprema alienadora o –quizá– como lenguaje supremo, degenerado más tarde a nivel vocal, sirve, en todas las religiones, como factor imprescindible en la técnica del dominio de las masas; ya Esquilo nos habla de

> ... las santas orgías...,
> el uno lleva en la mano el *aulós*,
> instrumento bien hecho,
> y lanza un canto que los dedos modulan;
> otro hace resonar los címbalos de bronce...
> y vibran las cuerdas
> e, imitando las voces de los toros, actores escondidos
> hacen salir, no se sabe de dónde, terribles mugidos
> y, como de debajo de la tierra, imitado por un tambor,
> se oye el retumbar del trueno.[18]

La puesta en escena que nos describe el fragmento de Esquilo es el fondo sonoro en el que se desarrolla la santa orgía; pero esta prepara la teofanía que se realizará cuando los fieles alcancen el momento trascendente: la música −o la imitación de algún suceso sonoro y sagrado (recuérdese el ruido con que se rememora y se renueva el terremoto, después de la muerte del Señor, en el Oficio de Tinieblas)− es uno de los métodos más adecuados para alcanzar este fin y su importancia es similar a la del uso de perfumes, de oraciones que se repiten hipnóticamente, o al especial estado que se consigue después de largas penitencias, flagelaciones, etc.

Ignacio de Loyola, por educación y oficio, parece ser en extremo ajeno tanto a la dimensión estética de la música como a sus posibilidades alienantes sobre el creyente. Este doble sentido musical, como veremos más adelante, lo posee en un grado muy elevado otro personaje muy notable y que, por las circunstancias, vendrá a tener una profunda relación con el español Victoria: Felipe Neri.

Pero Victoria procede de un país donde la palabra *alegría* parece ser mirada con desconfianza: Ignacio pretende saber qué es lo que tiene que hacer y el príncipe de los poetas, Juan de la Cruz, se debate en su noche devoradora como «si tragado de una bestia, en su vientre tenebroso, se sintiese estar digiriéndose [...] en este sepulcro de oscura muerte [...]». Ignacio cuantifica, ordena, mide, establece un teatro de relaciones que no es la espera de Juan de la Cruz –anhelante de huir de su noche para acceder al alba de la posesión divina y de la reconciliación, anhelante de saberse amado y deseado por el Señor de la Noche y del Alba–, sino la ordenación del deseo de establecer el circuito de los diferentes textos, provocadores de diálogo, permitiendo así que aparezcan los diversos y deseados niveles de lenguajes diferentes. Juan de la Cruz sufre su pasión y, como Job, no sabe soportarla en silencio; estos grandes sufrientes necesitan siempre la palabra, la divulgación de su dolor, que no sabe ni puede ser silencioso y que es preciso proclamar y estructurar firmemente. Como Prometeo en el desierto escrita, realiza un largo y minucioso análisis de sus sufrimientos y de los diversos pasos por los que ha llegado a estos, así como de las lejanas –y quizá probables– posibilidades que tiene de poder acceder a su liberación. También Prometeo, con la presciencia de su divinidad, sabe qué es lo que debe hacer, cómo debe hacerlo, y así mide el tiempo, cuantifica sus palabras, emite consejos que deben ser seguidos exactamente para que la máquina de las causas, con inmensa pero inevitable lentitud, avance y proceda permitiendo que se abra paso a un futuro ya predeterminado y asimismo inevitable. Juan de la Cruz es, también, un paciente encadenado y clavado a la roca de la tiniebla nocturna y de la que pretende huir: su huida es una descripción y un análisis, y su angustia no le priva de explicar fielmente y con minucioso detalle la evolución de su larga lucha hasta el Alba. Pero esta descripción es únicamente monólogo, no crea un lenguaje ni una tensión con el dueño de la Noche. Este está siempre lejano y silencioso y su inhumano silencio hace de la pasión de Juan de la Cruz algo puramente personal e intransferible.

Renacimiento

El paisaje en el que transcurre la vida y la obra de Victoria está sacralizado por completo y Europa –con el continente americano recién descubierto y colonizado– está llevando hasta un verdadero paroxismo de leyes e instituciones la cultura religiosa que, procedente del cercano Oriente, había destronado a los dioses de Grecia y Roma y se había extendido por todo Occidente: esta cultura era absorbente y totalitaria en un grado extremo y no escapaba a su control ninguna de las dimensiones en las que se movía este hombre del Renacimiento, culto, escéptico pero sumiso y siempre temeroso.

El cristianismo había destronado a los dioses de Grecia y Roma, pero, al mismo tiempo, supo integrarlos bajo diversos disfraces en un sincretismo que jamás habría tolerado –por lo menos tan abiertamente– la clase sacerdotal dirigente de Israel. Pero el dios de Israel era el dios de un pueblo nómada primero y agricultor después, aunque en sus gigantescas teofanías y en sus celosos y vengativos arrebatos dejaba transparentar lo arcaico de una imagen arquetípica, más primitiva, que era la imagen de un dios de pueblos cazadores: un dios de sangre y que con sangre se tranquiliza y se nutre. Este mismo dios se convertía, venía a ser el padre del nuevo dios importado de Israel a Roma, aunque con un baño y una profunda influencia de las ideas neoplatónicas y de las religiones de misterios de Antioquía. La gran tragedia de Occidente consiste en obstinarse en mantener el culto –ceremonias, costumbres, leyes, relaciones sociales, políticas, familiares, etc.– a un dios procedente de una cultura de cazadores más o menos acomodado a una cultura de agricultores. Sin embargo, ya en el Renacimiento, en aquel intento de volver a Grecia y que, en muchos aspectos, significó ir hacia delante, la tecnología abriendo paso a una cultura que piensa y que se envuelve en sí misma y que en sí misma halla su razón de ser, no en la caza ni en el cultivo, sino en el pensar que piensa, en la autorreflexión y en el autoconocimiento, ya en el Renacimiento, decimos, esta cultura cristiana comienza a dejar de tener sentido. Poco a poco y muy lentamente el pensamiento científico tecnológico, deslindado del puro sobrevivir de cada día y desligado también de la problemática de perpetuar la especie, va avanzando y, desde la visión de las lunas de Júpiter por Galileo (1610) hasta la perspectiva cosmológica y filosófica actual, el hombre ha ido creando –organizando– una situación absolutamente nueva y distinta de las anteriores. Ya no es un pueblo de cazadores ni un pueblo de agricultores; es un pueblo pensante y, como tal, ya no se siente afectado por las divinidades creadas por el miedo irracional hacia unos elementos que tampoco hoy pueden dominarse, pero sí pueden comprenderse: *primus in orbe deos recit timor.*[19] Sea cual fuere el autor de este texto, en él se expresa admirablemente la causa de la aparición de los dioses, el fútil temor que inspiran y lo inútil e irracional del sacrificio que a ellos se ofrece.

No obstante, ahora, en el alba de una nueva época –la época tecnológica– es preciso también hacer unos dioses para esta humanidad que crece desmesuradamente y que, en proporción, hace crecer sus necesidades metafísicas o, si se quiere, irracionales. «La población humana mundial total hace 10.000 años se cifraba entre cinco y diez millones. Al cabo de 8.000 años, esta cifra se había convertido en trescientos millones. Durante los 1.750 años siguientes siguió el aumento, es decir, a principios de la Revolución Industrial había quinientos millones. Con la Revolución Industrial empezó la moderna explosión demográfica, situando el nivel de población actual en unos cuatro mil millones, con la perspectiva de que lleguemos a ser 6.250 millones en el año 2000».[20]

Este crecimiento cuantitativo, por la fuerza de los mismos números, es también un crecimiento cualitativo: estos cazadores, venidos a ser agricultores ahora, se ven abocados a la civilización del ocio y de la interrogación. Pero esta, de creer en una curva optimista de mayor concienciación a mayor conocimiento o capacidad para acceder a él, es un interrogarse en el que el símbolo se va ensombreciendo y el deseo se rarifica cada vez más. Si el hombre del futuro necesita cada vez más excitantes, estos tenderán a ser cada vez más agudos e hirientes, hasta que se llegue al convencimiento de que solo lo abstracto puede colmar el deseo. En el plano musical diríamos que es mayor –infinitamente mayor– el placer que puede conceder *El arte de la fuga*, asimilado y oído, que una obra deslumbrante y puramente emocional, como puede ser la *Sinfonía turangalila* o *El pájaro de fuego*.

Esta era tecnológica necesita unos nuevos dioses y solo hallará su salvación y la posibilidad de sobrevivir si sabe encontrarlos o crearlos: la era de los dioses antropomorfos con sus jerarquías, cultos, relaciones filiales y de protección, de súplicas, de oraciones y de intercesiones, está ya acabada, aunque este final sea largo y difícil y previsiblemente aún no muy cercano. Pero su horizonte es la abstracción de un dios no antropomorfo, sin iglesias ni mediadores ni intérpretes de la voluntad divina. En este estadio el hombre estará solo –conscientemente solo– frente al misterio tremendo pero sin presiones jerárquicas ni condicionantes. En este momento dejará de creer y dejará de sentirse hijo o súbdito de un rey al que hay que propiciar y temer. La divinidad vendrá a ser, será, una tiniebla absoluta, carente de signos e imágenes y no un seguro en el que descansar o apoyarnos. Su trascendencia será total; más allá del bien y del mal y más allá de toda moral: será un abismo en el que cabe hundirse o ser engullido, pero al que no se puede comprar o vender ni propiciar, y al que tampoco se tiene que temer. La fuente de la moral no estará en él, sino en el hombre, y el imperativo moral se fundará en este, no en el modelo divino antropomorfizado: la divinidad no es, sino que trasciende toda afirmación positiva o negativa; siempre es allende todo ser.

El Renacimiento es el momento en el que se fundamenta el nacimiento de esta nueva época y con él se inicia la larga y lenta destrucción de todos los valores artísticos y morales que dieron paso y estructuraron el antiguo régimen. Pero ahora, en manos de este hombre renacentista, la obra de arte ya no está virgen, ya no es descubrimiento, es retorno y, en cuanto a tal, quizá ya no es arte; quizá es solo artesanía de un supremo nivel técnico.

«La esencia del arte es la Poesía. Pero la esencia de la Poesía es la instauración de la verdad. El arte es poner en la obra la verdad del ente». Sin embargo, «la verdad del ente es el paso del no-ser al ser: cuando esto acontece, la causa es un acto de poesía (= *hacer* que sea lo que no era: es decir, crear) y todas las obras de arte son poesía y sus artesanos poetas». Esta doble cita[21] define cuál era el hombre original, el de los comienzos. Ahora, el Renacimiento, iniciado dentro de un contexto profundamente cristiano, pretende volver al inicio, a las fuentes, y, por otra parte, continuar y aumentar el enorme esfuerzo cultural y técnico que se había desarrollado ya anteriormente en el llamado primer renacimiento, en el siglo de san Luis.

Mas para el compositor de música eclesiástica, que escribe para una circunstancia y un lugar determinados, su actuar no es el de poeta ni su arte es poesía; él es solo un funcionario que, tal como nos dirá Victoria, trabaja únicamente «para no enterrar el talento con que [el Señor] me ha dotado».[22] Insistimos en la distinción entre artista en abstracto y artista funcional y en las distintas motivaciones que los guían, ya que una enorme parte del arte occidental ha sido creada –tal como ahora lo vemos y tal como ahora lo apreciamos como arte– por razones no artísticas, sino religiosas o de encargo. Con todo, quisiéramos hacer notar la diferencia existente entre el ámbito católico y los compositores que en él se desenvuelven y el ámbito luterano, en el que se produce una riquísima floración de música de cámara e instrumental, sin ninguna conexión de tipo religioso, a pesar de que su máximo representante, Bach, sea muy sincero al decir que solo el honor y la gloria de Dios son motivo para que el compositor escriba su obra.

El sentido personal e individual que permitirá a Bach escribir sus obras estrictamente musicales, desligadas de cualquier referencia litúrgica, está ausente en la obra del autor español. Este no sabrá, como Monteverdi, del que es contemporáneo, simultanear y hacer posible la vida en las dos Ciudades y cantar al mismo tiempo la gloria de la Ciudad Celestial y la mundaneidad de la Ciudad Terrestre. En cierto aspecto, Victoria es un hombre de los inicios: está tan sumergido en una circunstancia sacralizada en todas sus dimensiones que casi ni imagina, por lo menos conscientemente, la posible existencia de otras maneras de concebir el mundo o, en caso de hacerlo, considera que, de no cantar las glorias de Dios, el arte es solo expresión de algo innoble y deshonesto: «[...] pues, ¿a qué mejor fin debe servir la música, sino a las sagradas alabanzas de aquel Dios inmortal de quien proceden el ritmo y la medida (a qua *numerus et mensura manavit*), y cuyas obras están dispuestas en forma tan portentosa que ostentan cierta armonía y cántico admirables? Por lo cual se ha de juzgar que erraron muy gravemente y merecen ser censurados sin compasión quienes, practicando un arte muy honesto y a propósito para aliviar las penas y recrear los ánimos con un goce casi de necesidad, lo dedican a cantar torpes amores y otras cosas indignas».[23] Pero también es poeta aquel que instaura la verdad, aquel a través del cual fluye la verdad del ente, la verdad de una conciencia absolutamente iluminada y dirigida hacia la Ciudad Celestial y que, a semejanza del hombre original, siente palpitar a su alrededor un mundo de espíritus y de voluntades divinas dirigiendo sabia y rectamente el cosmos. Victoria, como todo hombre que no puede acceder al estadio crítico por insuperables barreras ideológicas o culturales, como Ignacio de Loyola, limitado en extremo en su imaginación y en el espacio en que podría transcurrir una auténtica imaginación creadora, se limita a escribir dentro del límite de su personalidad, no a describir, partiendo de esta, un espacio imaginario y totalmente creado, como hacían en aquel mismo momento Claudio Monteverdi, Shakespeare o Cervantes. Esta escritura, cerrada en sí misma, limitada por un sistema y una técnica adecuados a las funciones precisas para las que estaban destinadas sus obras, esta escritura, quizá sin saberlo su propio autor, es única en grado sumo y escapa a la uniformidad que imperaba dentro del ámbito litúrgico: es exclusiva de este y en él se realiza la extraña paradoja de que, queriendo ser solo un medio utilitario para aumentar la música eclesiástica, su obra, por su propio lenguaje, escapa a ser catalogada únicamente como tal y se convierte en obra de arte, válida por sí misma y totalmente desligada de la primera y en apariencia única razón por la que fue escrita.

Victoria también ha realizado su propia composición de lugar y sabe qué es lo que quiere; es bien consciente de su valor como músico y de la calidad de lo que está haciendo: «[...]

trabajo y laboro, desde hace ya muchos años en la música, y no de manera infortunada, según puedo comprender por el juicio de muchos otros [...], sé que esto se debe a beneficio y gracia de Dios y sería ingrato [...] si despreciase el talento con que me ha dotado».[24]

Aparte de su supuesto talento como organista, del que ningún resultado material ha llegado hasta nosotros (aunque se dice que, en Madrid, existe un libro de obras para órgano escritas por Victoria y que por conflictos entre musicólogos aún no se ha publicado ni se ha dado a conocer su existencia de manera oficial), su producción, el resultado de aplicar su talento, su aportación a la sagrada sociedad en la que se desenvuelve, es una no muy amplia colección de motetes, misas, etc. Su obra es breve, comparada con la de Morales, Guerrero, Lasso o Palestrina, pero la calidad intrínseca de la misma y su valor estrictamente musical es lo que hace que, aún hoy día, –y cada vez más y precisamente por ello– sea cada vez más apreciada y cada vez más considerada a un nivel que, nos atrevemos a decir, con mucha probabilidad, llegará a eclipsar las obras de Palestrina o de Lasso.

Victoria es consciente de su importancia y de la calidad de su obra, como todo compositor y, como tal, se siente situado en su justo lugar dentro de la larga teoría jerárquica que estructura la sociedad occidental y en la que él, por la importancia de su aportación musical y por sus relaciones sociales, ocupa un lugar nada desdeñable, lejos ya del absoluto desamparo y de la total y radical sumisión que se exige al hombre común. A este respecto, una cita procedente de *Missae, Magnificat, Motecta*[25] es altamente significativa: «[...] toda ella [la música] consiste en consonancia de voces discordantes y así, de modo semejante, la concordia de los ciudadanos unifica tanto sus diversas costumbres que suenan a los oídos de los Reyes como algo grato y, casi diría, celestial».

Para la jerarquía, la concordia de las costumbres suena a música celestial y esta música celestial no tolera disonancias y, en el caso de haberlas, estas se resuelven con un movimiento de las voces muy poco armónico.

Quizá ahora nos sea difícil imaginar el talante –guiado por una Providencia que todo lo abarca– y la radical convicción con que el hombre medieval y renacentista veía transcurrir su ser en el mundo, su relación con este y su resignación o convencimiento frente al orden establecido. Las reformas fueron siempre dogmáticas o de costumbres, pero nadie se atrevió nunca a dudar de la existencia, física y real, de la fuente de toda jerarquía: esto solo pudo hacerse, con poco peligro, a partir del siglo XVIII y solo a partir de entonces se sometió la historia a un examen crítico que pretendía ser científico y objetivo. La historia de la humanidad, hasta aquel entonces, fue la historia de un animal social dividido entre su pulsión de reproducción y muerte y el terror del desamparo, pero siempre religado, sujeto, a la tiranía –inventada, porque en los inicios la ferocidad de los dioses era menos temible que la ferocidad de los elementos y la ignorancia frente a un mundo hostil y desconocido del que se desconocían los resortes para moverlo y hacerlo benévolo– y al poder de una o varias divinidades omniscientes y todopoderosas. Ante él, lo más íntimo de la conciencia estaba siempre abierto y patente, ya que el ser cósmico todo lo escudriñaba y, presente en el pasado y en el futuro, todo le era transparente. Juez siempre en acción, dispensaba sus favores o castigaba con infinita severidad, según observara unos u otros actos catalogados y señalados, ignorando la personalidad concreta y determinada del individuo, ya que a todos obligaba por igual.

La historia humana es una historia de dependencia extramundana e irracional con uno o varios seres creadores como padres y dueños. Para el hombre la irritación —casi siempre inconfesada— que produce el estar y sentirse religado a algo que no se puede tocar ni palpar, pero a lo que se teme y a lo que es preciso propiciar, lo convierte en un ser atormentado y ambiguo: solo en el mundo y desamparado, se siente al mismo tiempo radical y esencialmente ligado a una entidad con la que, nunca se encuentra cara a cara y cuyos ministros y representantes son y se conducen como una casta aparte, superior, situada jerárquicamente en la cúspide de la sociedad económicamente dominante, que puede disponer de su vida y hacienda según unas formas de control totalitarias y con unos medios que van desde la coacción de la pura fuerza hasta las sutilezas de los medios artísticos y conceptuales de los que la música y el ejercicio de los *Ejercicios* son su más sabio ejemplo. Solo en época muy tardía comenzará el hombre a darse cuenta de que la seguridad con que la jerarquía eclesiástica mueve sus datos históricos y sus pruebas apologéticas es una seguridad hecha solo de ciego convencimiento, no el resultado de una crítica severa de los datos históricos, arqueológicos, etc. Así, el progreso humano, como tal —en el caso de que se realice o de que sea factible su evolución como animal pensante y consciente de su pensamiento— solo se conseguirá si el hombre sabe despojar al mundo de sus dioses antropomorfos, receptores de dádivas y dadores de dones, y si asume el vacío, y la soledad cósmicos, sabiéndose sin posibilidad de recibir ayuda y con el único recurso, como tal, de sintetizar ideas y construir objetos comunicables. Pero interrogarse sobre el mundo y el lugar que el hombre ocupa en él no presupone una respuesta a esta pregunta esencial sobre el ser —la única pregunta—, no presupone la creación de unos dioses. Si hasta ahora se pensaba que «al comienzo Dios creó el Cielo y la Tierra», quizá sería mejor decir que «al comienzo el hombre creó a los dioses y sus temores».

Cincuenta y seis años antes de la edición de los *Ejercicios*, poseídos por esta neurosis de soledad y dependencia y, asimismo, con el afán de comunicar su peculiar desequilibrio, un grupo de españoles impulsados por oscuros y dispares motivos redescubría el continente americano. El oro, los esclavos, el camino de las especias y la expansión proselitista del cristianismo habían realizado el milagro de ensanchar el *orbis terrarum*, Europa, que se sentía en posesión de la verdad –aunque corroída por las disensiones internas y las herejías– e infinitamente superior al lejano Oriente, queriendo voluntariamente ignorar que en él estaba la fuente y la paternidad de todas las creencias y sus leyes, veía ahora aparecer un inmenso continente cuyas riquezas y potencial humano eran casi imposibles de calibrar, pero que, en todo caso, eran una *posesión* y un don de los cielos, don reservado desde todos los siglos a la raza española. No es extraño que al recibir este don –primero en España y pronto en el resto de Europa, dada la rapidez con que cada país supo desplegarse para recoger el fruto que tan inesperadamente se le ofrecía– cada uno de los *conquistadores* solo viera en las personas y los bienes conquistados un campo legítimo para depredaciones. El paso de los europeos por América, y muy especial de los españoles, se tradujo en la destrucción total de las riquísimas culturas autóctonas, en exportación, involuntaria, cabe decirlo, de enfermedades (en 1567 mueren en Sudamérica dos millones de indios de fiebre tifoidea) y en el tráfico de esclavos, que se inicia en 1509, extendiéndose hasta el siglo pasado. Tres grandes civilizaciones fueron arrasadas y allí donde puso su planta un español aún hoy en día no ha podido brotar un impulso semejante al que otrora se destruyera tan implacablemente; el actual desequilibrio económico y tecnológico de las dos Américas es el resultado evidente de las cincunstancias del *descubrimiento*: el Norte tuvo la suerte de no verse invadido ni cristianizado, por lo menos en el grado en que lo fue el continente sudamericano, y así pudo desarrollar, con estructura orgánica y vital y con mentalidad de pioneros colonizadores y no de conquistadores en busca de tesoros, su propia individualidad y un potencial basado principalmente en el sentimiento que tenían los europeos que llegaron al Norte de que la tierra era suya y allí estaba su casa y no de que fuera un lugar del que cabía extraer todas las riquezas posibles para ir a disfrutarlas a Europa.

En 1548, en el mismo año en que nacía en Italia un hombre que sería con su obra y su muerte en manos de la Iglesia un signo de su tiempo, Giordano Bruno, en el mismo año en que se publicaban los *Ejercicios* del vasco Ignacio de Loyola, en que otro jesuita, Francisco Javier, fundaba una misión en el Japón y nacía, probablemente en Ávila, el futuro sacerdote y músico Tomás Luis de Victoria, en este mismo año Europa, aún bajo el choque emocional de haber descubierto «para Dios y la Corona» un nuevo mundo y sacudida hasta sus raíces por los fenómenos religiosos y sociales de la Reforma,[26] era todavía un conjunto de países medievales que, de hecho, lo seguirían siendo hasta las Revoluciones francesa y rusa. Oriente aún no calibraba su inmenso potencial y tendría que esperar hasta la proclamación de la República Popular China, en 1949, para iniciar su renacimiento.

Para el hombre europeo, el honor de Dios y la salvación del alma eran el único fin –por lo menos en apariencia– y el único motor de su existencia: el comercio, y con él las revoluciones industriales, impondrían más adelante otros honores y otros valores; pero, en aquel momento, a punto de iniciarse la revolución tecnológica –que prosigue hasta nuestros días y de la que Leonardo sería un genial adelantado– la iluminación que la Iglesia había derramado por todo el círculo europeo aún cegaba a la absoluta mayoría de sus fieles. El ejemplo de

Giordano Bruno es bien significativo de lo que representaba el pretender alejarse de sus luces y su ortodoxia. El hombre de aquel momento está dividido entre su ser cotidiano en el mundo, evidente y tentador, y al que por instinto natural no podía ni quería sustraerse, y su quehacer oficial, ordenado y organizado todo él de modo imperativo y categórico para asegurarle su vida en el más allá, despreciando con su obligado horror al mundo, al demonio y a la carne todo contacto con la naturaleza –con el mundo como realidad– y toda relación con la vida del instinto y del impulso vital. La pulsión de muerte que llevaba ínsita por esencia se veía favorecida, hasta grados patológicos, por unas dictaduras que jamás toleraron la existencia del investigador o del experimentador como individuos libres y como personas con su propia dignidad. Así, en España, aun los místicos más ortodoxos y que más se esforzaron por mantenerse dentro de las más estrictas líneas eclesiales, como Juan de la Cruz o Teresa de Ávila –por citar los más conocidos– tuvieron que soportar persecuciones y cárceles. En otros países llegaron a pagar con su vida –Savonarola, Giordano Bruno, Servet– o con su honor –el triste caso de Galileo– el haber antepuesto su conciencia, su honor y su responsabilidad de hombres libres a las consignas del partido Iglesia-Estado.

Esta ambigüedad no confesada pero real e intuida por muchos y sufrida por todos creaba una intensa neurosis de culpabilidad o bien, las más de las veces, convertía a los hombres en políticos prácticos –o en Príncipes justificados por la razón de Estado y en oportunistas, con una doble moral y unos dobles canales de expresión y sentimiento–. Sin embargo, estos deberes compartidos no se avienen –o se avienen mal– con el instinto humano: la duplicidad entre creencias oficiales y conveniencia personal, confesada y reconocida o no, que podemos seguir detectando hasta nuestros días, solo podía ser útil a aquellos que, en verdad, fueran incapaces de un análisis y una introspección crítica en profundidad. Mas para aquellos que se planteaban seriamente y en conciencia la existencia real de esta doble moral, esto era motivo de crisis muy graves y de soluciones o salidas casi nunca ortodoxas, con lo que la tensión se agravaba hasta que el sistema engullía al más débil o bien el paciente –con riesgo de su vida– se abría su propio camino sin más juez que su conciencia o el juicio siempre temible de un dios al que aún seguía reconociendo. Muchos murieron por defender el honor de Dios, pero pocos, entonces y ahora, han muerto para defender el honor del hombre, el honor de serlo y de ser libre y responsable.

Victoria, que en su música se revela como hombre de exquisita sensibilidad, tuvo que ser consciente de la tensión que suponía en su época el hecho de ser hombre y sacerdote en una sociedad que no admitía ni toleraba individualismos ni ningún tipo de independencia intelectual. Por otra parte, el sentido común, lo natural de las ideas e ideologías que imperaban y se consideraban como verdades absolutas e indiscutibles, era tan avasallador que difícilmente un hombre que no fuese genial en crítica y en valentía podía liberarse del sentir y del pensar de la sociedad que lo rodeaba y lo condicionaba: Victoria, y con él tantos otros hombres, laicos o no, pudo considerar natural y lógica la dictadura y la intolerancia teñidas de mandatos divinos y sobrenaturales, rigiendo como reglas y criterios de vida y comportamiento en grado solo imaginable para nosotros si las comparamos con las de los regímenes más extremos de los últimos años.

III
Poder y culpabilidad

Jerarquía

Lo santo, en las Españas del siglo XVI, no es esto o aquello: lo santo es el todo, asumido y embutido dentro del binomio Estado-Iglesia, unidad indisoluble e íntimamente ligada, supremo Partido fundado por el mismo Verbo encarnado a su paso por la Tierra, mantenido y sancionado por las jerarquías eclesiásticas, civiles (y hasta angélicas) que asisten, coaccionan y hacen uso, sin ningún escrúpulo, del hombre que se halla en la base de la pirámide jerárquica, asustado, desamparado y, al mismo tiempo, fascinado por la grandeza a que apunta el vértice y por el poder que emana del supremo personaje sentado en el Trono de la cúspide: de Él se deriva todo poder y toda autoridad, y todo derecho y toda razón proceden de su superioridad jerárquica.

Del vértice de la pirámide, articulada verticalmente, se difunde la autoridad hacia abajo, justificando así el poder de unos y la obediencia ciega, como de cadáver, hasta la muerte, de otros. El hombre medieval y renacentista, actor en el papel asignado por la escala de las jerarquías, se siente dominado por su superior y, si es su caso, sabe que puede y debe dominar al inferior. Sin embargo, en el transcurso de esta larga Edad Media que se inicia con la decadencia del pensamiento griego, transcurre a la par de las largas vicisitudes de la historia romana y fenece con el estallido de las revoluciones, nunca se sentirá hermano de sus semejantes e igual a ellos (a pesar de las protestas de la alta jerarquía cristiana que le asegurará que todos los hombres son hermanos y que –tal como hoy en día, con notable oportunismo se insiste– los obispos y aun el papa son *siervos de los siervos del Señor*) ni creerá poder acceder a los mismos derechos ni a los mismos niveles de conocimiento, ni a las mismas condiciones de vida o, mejor dicho, de supervivencia.

Hoy, quizá, nos es difícil imaginar lo que podía ser el estado de ánimo de un súbdito del rey de las Españas en su quehacer cotidiano. El cuidadoso respeto a lo establecido en cuanto a actos religiosos o piadosos, lecturas (había una férrea censura de libros), amistades, la nobleza y pureza de la sangre –recuérdese el profundo antisemitismo de la Iglesia cristiana y de la católica en particular–, la estricta ortodoxia de las relaciones familiares y sexuales –la familia se concebía, hasta hace muy poco, como un mal menor, con la única excusa aceptable de servir para perpetuar la especie de forma cristiana–, el desquiciado código sexual de las Epístolas de Pablo de Tarso, rigiendo de forma estrictísima y castigándose su transgresión de forma feroz y hasta con la hoguera, todo ello condicionaba y coaccionaba con tanta fuerza que un hombre consciente de su dignidad humana y del derecho de su libertad solo podía escoger el camino que conducía a un martirio laico o al más profundo desprecio –en el mejor de los casos– si sabía enmascararse y esconderse bajo una apariencia de sumisión.

Por otra parte, el pueblo necesitaba de pan y circo y las autoridades no podían ignorarlo. Ahí estaban las grandes ceremonias religiosas, entre intoxicaciones de incienso y de sermones exaltados en los que se aludía constantemente a las llamas eternas de un infierno concebido como el supremo placer de Dios[27] y a las que más adelante, para la corte y la nobleza, se añadió el refinamiento de esta misa laica que es la ópera mientras que, para el pueblo, se toleraron representaciones teatrales, romerías y, con estudiada parsimonia, autos de fe, en los que la sangre se teñía de mística y divina venganza. Todo este quehacer cotidiano en tiempos de paz, que ayudaba al necesario control de las masas, se acrecentaba, con cierta periodicidad, con el supremo placer de la guerra, guerras santas, cruzadas que enmascaraban el interés por abrir caminos comerciales para las mercancías y especias de Oriente, guerras santas que servían para anexionar, territorios largamente ansiados o que, por trágica ironía, iniciaban o consumaban un declive económico que se ocultaba bajo el manto de la voluntad divina.

España, como Portugal y más tarde otros países igualmente vigilantes, supo abrirse camino hacia el lejano Oeste: un inmenso potencial de ambición y fanatismo se derramó sobre el continente Sudamericano que, aunque de modo paradójico, ayudó eficazmente al deseo de los enemigos del imperio español de conseguir su declive político y cultural. Con la apertura de los mercados americanos se pretendía, oficialmente, ensanchar el ámbito de la salvación cristiana y la obra universal de la redención, pero, de hecho, el oro, las especias y los esclavos eran el secreto mal disimulado que empujaba a los conquistadores y les daba fuerza para abandonar sus hogares y arriesgarse a la peligrosa aventura de atravesar el océano. A ello cabe añadir un gobierno carente de organización económica, tan maltrecha por la expulsión de árabes y judíos en sus respectivos momentos, y guiado por el objetivo de la salvación de los súbditos del cristianísimo rey, para lo cual era aceptable y justificable cualquier sistema o acto avalado siempre por las ideas de san Agustín, «[...] formidables afirmaciones sobre la necesidad de castigar a los sacrílegos y que justificaban toda la intolerancia medieval y la llegada de la Inquisición»[28] y la violenta ambición, soterrada y oculta, de una sociedad dividida entre sus emociones religiosas, primarias y elementales en el pueblo llano –que nada entendía de las sutilezas orientales de esta religión mistérica, organizada a través de ideas neoplatónicas y de misterios de dioses que nacen, sufren y, más allá de la muerte, resucitan, lejanos e inaccesibles pero a los que conviene tener aplacados a través de sacrificios y oraciones– y que permitía a las clases más elevadas, con un especial oportunismo, ser, a la vez, cristianos y comerciantes de esclavos, fieles hijos de la Madre Iglesia y conquistadores. Esta doble tensión hacía aún más patente el fracaso de aquella concepción ideal del Medievo en la que las dos ciudades estaban regidas por un gobierno unitario en el que se confundían los poderes del rey secular y los del papa eclesiástico en una sola persona.

Apareció entonces el fenómeno de la casuística: la moral obligada engendra la excusa de su propia transgresión y cualquier crimen o violencia –material o espiritual– es disculpado por los poderes públicos y por la jerarquía en nombre del bien común y así se justifica el mal que deben sufrir unos pocos para lograr la salvación de muchos; la muerte del enemigo, la muerte de los enviados de la Ciudad Oscura, no produce ningún dolor ni piedad. Extirpar el mal legaliza cualquier acto; para los caídos del propio bando, del bando de la jerarquía, su martirio es ya su mejor premio y su mayor felicidad.

La dialéctica del jerarca –y, por extensión, del fiel o del súbdito obediente–, es una tensión de pasiones y oscuras excusas, ni por él ni por ellos ignoradas, pero no por esto aceptadas. Así, el determinante del acaecer moral del hombre de Occidente, menos religioso en su talante que el oriental, fue la lucha entre su instinto anárquico e individualista y su temor, sembrado por los apóstoles del cristianismo en todos los lugares donde esparcieron su buena nueva y que, en Europa, tras una latencia sorda y poco expresiva, en la Alta Edad Media, explotó y manifestó la enfermedad contraída, en violentas guerras, cruzadas y mortales luchas que casi desintegraron el utópico Sacro Imperio Romano. Europa, aparentemente cristiana y sin un verdadero talante para asimilar lo mejor y más positivo del mensaje cristiano, se autodestruyó con cismas y herejías. El estallido de la Primera Revolución inició con paso firme el comienzo de la Edad de la Razón, mientras que la Revolución de Octubre parecía consumar el completo aislamiento de la Ciudad Divina de la Ciudad Terrenal; pero en la liberación del proletariado se hallaba la semilla de una nueva mística y quizá, también, una dictadura peor, devoradora de los hijos que pretendía liberar.

Pero en aquel entonces, a comienzos del siglo XVI, la escala jerárquica era inviolable y la transmisión de poderes se realizaba como si se celebrase una liturgia ya petrificada e inmóvil en su valor absoluto: el mismo Dios, uno y trino, en la cúspide de la pirámide y, por transmisión directa de poderes, los querubines, serafines, tronos, etc. En un plano muy escasamente inferior, el papado y la realeza recibían del propio Dios su poder y su autoridad, sagrada e inviolable. Ello los capacitaba en grado absoluto y sin discusión para gobernar y para disponer de vidas y haciendas sin apelación posible, apelación que prácticamente jamás podía tener lugar, ya que el súbdito sabía que el papa tiene siempre razón, no por tenerla, sino por el lugar que ocupa en la escala jerárquica: el jefe siempre tiene razón y esto solo por el hecho de serlo.

En la lucha, oscura y disimulada pero incesante, entre el poder civil y la Iglesia, el súbdito poco tenía que decir. La obediencia y la resignación eran las únicas posibilidades que le quedaban si no quería arriesgarse a un violento choque en el que, aun más que la vida y la hacienda, peligraban –debido a sus firmes creencias– su alma y su salvación eterna, hecho este que para un hombre de la época, aunque fuese de notable altura intelectual, era decisivo y condicionaba en grado extremo su forma de actuar frente a los poderes de la Iglesia y del Estado. La evidente brevedad y fugacidad de la vida, compensada por la esperanza en un eterno más allá, aunada con la inevitable ambición y el deseo de riquezas, y muy en especial de honores, creaba una violenta tensión en el hombre renacentista que, por otra parte, se veía confrontado, a pesar de la oposición, entonces como ahora, de la Iglesia, por una época de progresos científicos y por una nueva visión del mundo.

Pero si ahora, en nuestro momento, por un inútil oportunismo, la Iglesia aparenta estar interesada en la actividad científica –que siempre temerá y que jamás podrá aceptar plenamente, ya que está petrificada e inutilizada en su base por lo irracional e inconmovible de sus dogmas, de los que no puede desprenderse impunemente–, si ahora patrocina determinados estudios e investigaciones, de los que siempre se sabe de antemano el resultado final, que solo puede ser uno –la verdad del dogma y la verdad de la tradición– entonces, dadas las circunstancias, no cabía aparentar ningún interés por la ciencia ni por la experimentación: había unos principios básicos e inconmovibles y a ellos era preciso atenerse, sin que pudiera oponérseles razón alguna y sin que el sentido común tuviera ninguna posibilidad de ofrecer dique alguno a su férrea verdad.

Esta falta de interés por todo lo que fuera investigación científica no se limitaba a una mera reprobación académica, sino que incluía una violenta represión de la que, en la actualidad, la misma Iglesia se esfuerza en recordar según qué anécdota: el conocido caso de Galileo se remueve muy a menudo, especialmente para así hacer olvidar que hubo muchos otros casos que no acabaron únicamente en una abjuración verbal, sino en la tortura y en la hoguera.

Con todo, con infinita lentitud pero inexorablemente, porque nada puede detener la curiosidad humana y su instinto de averiguar en qué lugar vive, qué es y qué sentido puede tener la vida, el mundo, el entorno cósmico, se iba abriendo ante los ojos y la mente del hombre que, asombrado, se interrogaba y que, cuanto más avanzaban los conocimientos y el rigor con que se analizaba y estudiaba a sí mismo y a su entorno, más ajeno a este y más desamparado se sentía frente a las fuerzas desconocidas que le acechaban.

El hombre dejaba de ser el punto en el que todo convergía, el centro y la justificación del mundo, dejaba de sentirse creado –suprema vanidad y necesidad– a imagen y semejanza divinas y el cosmos venía a ser, poco a poco, en una evolución crítica que aún no ha terminado y aún no todos los hombres han comprendido, lo otro, lo absolutamente lejano e indiferente; indiferente a un ser, sacado del fango primordial –en una imagen que quizá lleva ínsita más razón de la que entonces podía imaginarse o creerse– por el aliento, por la inspiración divina, que un día creyó ser el fundamento, la base y el motivo de la creación. Un ser que se creyó el fin único de tan magnífica construcción, ya que todo el universo, sus astros y esferas, con su celestial música, eran solo un fondo, una decoración para que en ella se desarrollase el drama, trágico y grotesco a la vez, de la historia humana con su supuesta finalidad e intencionalidad.

Muy lentamente se iba perdiendo la realeza cósmica y se descubría –verdadero descubrimiento– que el ser y el transcurrir en el mundo eran una circunstancia fortuita y fruto del azar. Cuando Galileo veía moverse, en 1610, los satélites de Júpiter, a pesar de las prohibiciones romanas –un año antes de la muerte de Victoria– confirmaba con ello que otras Tierras y otras Lunas se movían en un cielo que no solo estaba poblado de ángeles y de santos, sino de objetos que podían observarse, clasificarse y, mediante una mecánica absolutamente precisa y científica, situarse en órbitas muy concretas y en modo alguno metafísicas.

Poco a poco el hombre fue descubriendo y asumiendo su soledad y, de ser el rey de la creación, vino a convertirse en uno más de los seres vivientes y en una pasión más, una ambición, inútil entre todas las pasiones y ambiciones inútiles que se agitaban y se agitan sobre la faz de la Tierra.

Tensión

La tensión entre el concepto de un universo como lugar sagrado en el que la Providencia divina todo lo mueve y condiciona y el descubrimiento de una nueva visión, en la que la singularidad del fenómeno humano perdía toda preeminencia para convertirse en un espasmo aleatorio de vida y de muerte, vino a crear, muy lentamente, un talante específico, aun hoy día en construcción, puesto que todavía vivimos en una sociedad, si no dominada, sí mediatizada por lo ominoso en sus más bajas formas –las Iglesias nada tienen que decir al hombre honesto de cultura media– y en la que lo religioso, convertido en superstición, aún posee una gran fuerza y aún controla multitud de vertientes y de estructuras sociales y políticas.

Esta tensión, que a nivel individual pudo ser trascendida por algunos, integrándola en una metafísica de lo físico y de lo sensible, vino a ser, en la España de los Austrias, una metafísica del Estado, una justificación de la razón del gobernante y de sus intereses –casi nunca coincidentes con los del pueblo– que llevaron, entonces y ahora, a justificar los peores crímenes en nombre del bien común o del bien de la patria: tras ello se escondía –como se esconde tras toda dictadura, tras todo fascismo– el terror interno que siempre corroe a los grupos extremistas: la glacial inseguridad, en lo más recóndito del alma, frente al mundo y frente a lo divino que tan bien creen o quieren creer que conocen. Tener la seguridad de que Dios está conmino presta una fuerza arrolladora al dictador, pero este, en su más íntima conciencia siente que no es así, que Dios está lejano y que toda relación es solo dialéctica, pura semántica de Partido. Llámese a este DIOS el nombre que sea y dótesele de las funciones y atributos que se quieran, siempre será una función del que lo nombra y lo describe. Muchos dictadores han poseído reliquias o amuletos, pero ninguno puede aparecer en público acompañado de la divinidad; sus únicos atributos y acompañantes son los modernos dioses de la estructura policíaca y de los medios de comunicación.

En el siglo XVI, la suprema policía era la Inquisición y los medios de comunicación se limitaban a la representación, a lo largo de todo el año, del despliegue litúrgico en el que se rememoraba cíclicamente la historia sagrada y la venida de Cristo. El habitante de las dos ciudades, con la tensión de un deber compartido, veía transcurrir su vida en la ciudad terrena del Imperio, pero siempre con la mira puesta en la celestial Jerusalén, si bien, ciertamente, ambos deberes no siempre transitaban por el mismo camino. Dominar la ciudad terrena mediante las posibilidades y el potencial de la ciudad celeste ha sido siempre la tentación de los más pero, para el hombre de aquel momento, ambos caminos también se abrían en su doble vertiente y ambos estaban, aún más que hoy en día, preñados de grandes peligros, ya que el equilibrio entre ambas ciudades era y es, de hecho, imposible. Dos poderes son siempre enemigos y a menudo era el rey quien intentaba devorar la ciudad celeste y a sus habitantes, miembros y bienes incluidos; o bien era el papa, como cabeza y símbolo de su ciudad quien, a pesar de lo espiritual de su rango y misión, intentaba por todos los medios abrazar, con abrazo estrangulador, al poder civil. Ello hacía doblemente peligrosa la vida cotidiana, ya que todos sus actos se veían obligados a pasar por la aprobación de los innumerables controles que los jefes de ambas ciudades sabían establecer. Ya Teresa de Jesús había escrito: «[...] iban a mí con mucho miedo a decirme que andaban los tiempos recios».[29] Y también Luis Vives había exclamado: «Tiempos difíciles los nuestros, en que no podemos ni hablar ni callar sin peligro».[30] En aquellos momentos, la santidad y la inteligencia eran bien peligrosas, doblemente peligrosas.

En aquel momento –y, hay que decirlo, durante casi veinte siglos– no cabía una crítica razonable y serena del cristianismo y de la civilización que, más o menos, se ampara bajo este nombre. En la época de Victoria y de Ignacio de Loyola debían de ser muy pocos los que, en España o en el resto de Europa, se sintieran poseídos por la duda y la interrogación acerca de la evolución del cristianismo desde su aparición en la época de los grandes césares hasta su ascensión al dominio de la escena religiosa y política y –pregunta esencial– sobre quién era el fundador, el organizador y el que, por voluntad supuestamente divina, había estructurado una nueva Iglesia y una nueva religión y cómo esta había logrado imponerse sobre los dioses de Roma, los misterios de Oriente y las divinidades autóctonas de los diversos países que, al fin, se agrupaban bajo la común dirección del obispo de Roma.

Desde los oscuros tiempos en que Pablo de Tarso predicaba su evangelio habían pasado muchos años, se habían sucedido muchas herejías y el dogma y la jerarquía habían evolucionado por muy diversos caminos, pero los disidentes de los primeros siglos, el monje Lutero o el astuto rey inglés que fundaba para su país una Iglesia particular, no habían ido más allá de una crítica razonable de ciertas costumbres y de ciertos ritos, crítica que el sentido común tenía que admitir y aun desear, para el bien de la Iglesia y de la sociedad que la formaba. Casi nadie, en cambio, se atrevió a llevar esta crítica hasta la misma persona del supuesto fundador o hacia los textos que, con la aprobación y la autoridad de la Iglesia romana, garantizaban y explicaban su historia y su buena nueva. Los fieles acudían al sacramento de la comunión a comer su carne y beber su sangre y acudían al tribunal de la penitencia, magnífico invento de dominio de masas pero, abiertamente y en público, casi nadie se atrevió a una crítica serena y objetiva, quizá imposible en aquel entonces por falta de medios científicos y técnicos. Habría que esperar muchos años para que comenzara a hacerse sin que este hecho provocase el hundimiento de toda una civilización: el andamiaje de las dos ciudades, sus fundamentos y su estructura social, económica y política, se habrían venido abajo si esto se hubiera realizado en aquel entonces. Aquella sociedad –mentalmente aún en un estadio mágico y arcaico, como todavía lo es la nuestra, en la que la apariencia tecnológica enmascara unos instintos y unas reacciones tribales– aún basaba su estructura familiar, social y económica en la dialéctica de una religión primitiva de intercambio de favores entre un creyente aterrado que ofrece sacrificios y plegarias y uno o unos dioses que, a cambio de estos, se sienten, con cierta frecuencia y a veces caprichosamente, protectores y benevolentes. Si fallaba este delicado equilibrio, fallaba la base de la sociedad y esta corría el grave peligro de destruirse.

En el caso de Occidente, los grandes avances intelectuales y filosóficos que podríamos limitar desde la época de los presocráticos hasta la Edad de la Razón tienen en común, por encima de cualquier especulación práctica, religiosa o política, la interrogación, la pregunta, sobre el ser y el pensar. Toda la gran estructura de la filosofía griega –madre del pensar y de la conciencia del saber que pienso– se basó en la investigación sobre el ser. La actuación del filósofo –del amigo de la sabiduría– es casi la de un sacerdote de una religión superior, esta sí desligada de sacrificio y de dialéctica entre siervo y amo. Pero esta actitud también comportaba sus riesgos y el nombre de Hipatia (370-415), científica y filósofa, la última que trabajó en la gran Biblioteca de Alejandría, podría ser un símbolo de ello.[31] El filósofo griego investiga sobre el ser, pero el pensador cristiano –la jerarquía cristiana– de los siglos oscuros investiga sobre el dominio de las masas y sobre cómo controlarlas al precio que sea. Insinuándose en el llamado Primer Renacimiento, en el siglo de san Luis, bajo la fascinación de Aristóteles, al que se quiere cristianizar a todo trance, se inicia un nuevo intento de filosofar. El Renacimiento será más bien un retorno artístico y literario, de modas y costumbres –como lo será el Segundo Imperio–, pero sus pensadores estarán aún demasiado fascinados y atemorizados por la fuerza dominante de la religión cristiana. Serán los filósofos de los siglos XVII y XVIII los que reemprenderán el camino iniciado y, en ciertos aspectos quizá ya concluido, por los griegos del Siglo de Pericles y los anteriores presocráticos.

A partir de la llamada Revolución Industrial se inicia el difícil balance entre el adelanto técnico o social y el pensamiento. En 1633, Galileo se ve obligado por la Inquisición a abjurar de las teorías de Copérnico y, ya en 1641, comienza a manufacturarse el algodón en Manchester. En el mismo año, Descartes escribe sus *Méditations métaphysiques*. En el año siguiente nacerá Isaac Newton y en 1675 Spinoza acabará su *Ética*, mientras que Leibniz establece el cálculo integral y diferencial y el astrónomo alemán Olaus Romer descubre que la velocidad de la luz es finita y determinada. Pero recordemos que la Inquisición, abolida en Francia en 1772, es restaurada por el papa Pío VII en 1814, y en España no se suprime definitivamente hasta 1834 (iniciada en 1233 con los Dominicos a su frente), hace solo unos ciento cincuenta años. Durante largo tiempo la historia de Europa ha sido la historia de una lucha, aún no acabada, entre el ansia absolutista, elevada al nivel de una superdictadura, de la Iglesia católica sobre los pueblos de Europa y el ansia de estos, muchas veces intuitiva y no siempre clarividente, para librarse de esta férrea tutela. La historia de Europa es la historia de cómo librarse del cristianismo para alcanzar la propia personalidad y la historia del arte europeo vendrá a ser una historia paralela a esta, como también lo será la historia del pensamiento y de la filosofía.

Pero la tecnología tiene su precio y este, para el común de las masas, representa el olvido de la tensión metafísica, de la interrogación, no siempre fácil, sobre el pensar y, por otra parte, el actual interrogar del científico o del filósofo, al límite de la física con la metafísica, es de tal complejidad semántica que es casi ininteligible –o es totalmente hermética– para el hombre medio y su visión simple de las cosas (aunque ahora esta ya esté contaminada de palabras y lugares comunes, muy complejos en sí –relatividad, agujeros negros, fisión nuclear–, y que por la fuerza de los medios de comunicación han entrado en el lenguaje cotidiano y se emplean, aunque se ignore su verdadero significado, pero sonando con un lejano tono amenazador y embarazoso: el hombre medio sabe que algo sucede, pero no sabe qué es ni cómo es).

Esta ampliación y modificación de los conceptos que definían y describían al mundo presupone un lenguaje tal como, en el ámbito de la comunicación con el Dios, habíamos encontrado también con la búsqueda y la creación de un lenguaje propio y adecuado; este lenguaje no solo es técnico, matemático e inteligible para unos pocos, sino que, a un nivel más amplio, Europa, para definir el mundo y su mundo, para definirse y conocerse a sí misma, ha sabido crear, como suprema oposición a los dioses orientales que la invadían, nuevos lenguajes y nuevas palabras con las que poder explicarse –y, al mismo tiempo, desintegrar en fonemas aproximados pero nunca idénticos– la predicación extraña de los misterios orientales. La creación de nuevos lenguajes, algunos de ellos paradójicamente derivados en sus raíces del griego y del latín, es el dique más sutil y de mayor fuerza que se puede oponer a la invasión cristiana. El cristianismo, de mentalidad judía, pero de semántica griega, se había transplantado rápidamente a Roma y en latín había querido explicar y estructurar sus dogmas, lejos ya de las sutiles posibilidades del idioma griego; pero ahora, en manos de los nuevos idiomas, en manos de la obra inmensa de Lutero, que crea el alemán traduciendo precisamente las Escrituras, en manos de Shakespeare y más tarde de James Joyce o de Mallarmé, el verbo de Occidente se aleja cada vez más de las fuentes verbales de sus inicios y, con ello, se aleja irremisiblemente de la esencia que posiblemente existía en ellas, para construir su propia estructura y su propio deseo; el idioma, el lenguaje, es una máquina de posesión y deseo y solo se desea aquello que se puede expresar e imaginar y solo se imagina aquello que, de una u otra forma, se ha dicho.

Europa segregó sus lenguajes como el cuerpo segrega sus antitoxinas y, de un modo probablemente inconsciente, supo hallar esta defensa, la última que quizá le quedaba, frente a las invasiones del Este; de haber asimilado y de haber sabido integrar con fuerza y verdad todo este cúmulo de ideas y creencias habría, asimismo, integrado su o sus lenguajes tal como la alta aristocracia de Roma supo integrar el idioma griego: no solo existen las ideas, sino que existe también la transmisión de estas, que solo pueden desarrollarse y tener vida real si se comunican en el propio lenguaje que las ha estructurado y, en cierto aspecto, les ha dado forma y vida.

Pero ahora el talante del hombre actual, del hombre medio, cada día más aferrado a la ciudad terrena y desconfiado de la ciudad celestial, de sus ministros y de las posibles ventajas de habitar en ella, es de un no querer ver ni querer saber, cegado por unas apariencias técnicas que no comprende ni alcanza a describir y que, por su misma oscuridad, vienen a ser sagradas y que, por su misma naturaleza, cumplen perfectamente el papel de suplantar a lo sagrado que, reducido a anécdota y superstición por un clero cada día más desligado de sus raíces, no sabe hacerse patente al hombre en su aspecto más elevado y en su apariencia más profunda, que es lo abstracto y lo irracional: la extraña frase de Heráclito «el oráculo no afirma ni niega sólo indica signos»[32] expresa un nivel del pensamiento harto elevado y quizá no superado posteriormente; discernir y descifrar signos, elementos estructurales equívocos y ambiguos es tarea muy compleja reservada a unos pocos (Heidegger dirá que es tarea reservada solo a los poetas, a aquellos que, como ya había dicho Platón, saben o pueden hacer pasar, atraer, el no-ser al ser: a crear la obra de arte); pero la diferencia entre prehistoria e historia es solo el saber codificar y manifestar, en su más íntimo y profundo sentido, un signo. Esto afecta en mínima parte al devenir biológico de la especie, ya que la ascensión del espíritu en su camino a una supuesta realización no sabemos cómo afecta –y por los hechos que son evidentes y que todos conocemos afecta muy poco– a la colectividad en cuanto a grupo de animales sociales: estos, ahora, no quieren saber y prefieren ignorar bajo la presión tecnológica y política que los inhibe de toda pregunta; pero, en la época de Victoria, en este fin del Renacimiento, la situación era la misma, ya que la Iglesia cumplía la función que ahora realiza el Estado y la intoxicación técnica.

Así, un historiador de tendencias tan derechistas como A. Toynbee establece un certero y crudo análisis de la situación eclesial, en su doble aspecto jerárquico y político, en los siglos XVI y XVII, que la sitúa con precisa exactitud:

> Todo el poder del papa fue rechazado en los Estados que se volvieron protestantes, y por las cuatro quintas partes de quienes seguían profesando la fe católica; la respuesta del bando católico al desafío protestante en el siglo XVI no la llevó a cabo el papado, sino una serie de notables santos y, por supuesto, el peso muerto de la tradición pontificia se opuso firmemente al impetuoso avance de estos santos; estos trataron de liberar a los papas de su espíritu mundano, pero su afán de poder se manifestaba con una fuerza demasiado intensa aun para ellos. Así, la contrarreforma del siglo XVI, a pesar de su esfuerzo, fracasó. La Iglesia romana cayó en un letargo espiritual del que solo despertaría organizando una contrarrevolución dirigida al renacimiento intelectual secular del siglo XVIII; al permanecer impermeable al desafío de las nuevas fuerzas de la democracia y el nacionalismo («Why is it that no Roman Catholic country has ever developed a democracy?», dice Gore Vidal, en *Playgirl*, Vol. II, 10, 1975), el papado fue vencido en su propio terreno por el Risorgimento italiano, y la extinción de su soberanía territorial, el 20 de noviembre de 1870, señaló el más bajo nivel en el destino material de esta institución.

Esta bancarrota política fue, en todo caso, mucho menos trágica para el papado que su autoderrota espiritual: esta le fue infligida con una serie de actos que empezaron con el protector de san Francisco, Gregorio IX: la excomunión, en 1227, del emperador Federico II y que culminaron con la provocación pontificia, en el siglo XVI, de la rebelión protestante contra la autoridad de la Iglesia romana. A partir de la Reforma, esta pasó a ser solo una entre un número de sectas rivales, cuya mutua hostilidad fragmentó el mundo occidental, desacreditó el cristianismo y dio lugar a la suplantación de esta doctrina por los nacionalismos, renovación del culto precristiano a la colectividad del poder humano. (Toynbee, A.: *A Study of History*, Londres, 1972.)

Culpa

Parece que la existencia de las dos ciudades debería suponer dos banderas; pero la ambigüedad con que los representantes de la ciudad celestial actuaron frente a las potencias políticas y económicas de la ciudad terrena fueron y son evidentes; como dos vasos comunicantes, se compraron gracias espirituales y se bendijeron cruzadas y guerras civiles. Jamás se prohibió la guerra, como supremo mal, ni la pena de muerte, castigo de un crimen con otro crimen. Occidente se vio envuelto, desde el año 313, en las redes de una supuesta ordenación sobrenatural que lo exigía todo para sí, pero que lo negaba todo a sus contrarios o a los que simplemente pensaban de modo distinto y que, diciéndose portadora de paz en la Tierra, solo provocaba guerras y persecuciones de todo tipo. Esto ayudó a que Occidente se viera sumergido, individual y colectivamente, en una intensa neurosis de culpabilidad: el hombre, nacido (según se le enseñó) con una mancha original contraída por un pecado ajeno a su voluntad y entendimiento, era, por su misma naturaleza, culpable. La idea judía del traspaso de la culpa de padres a hijos y el inevitable pago de la deuda de estos, era y es totalmente extraña a la mentalidad de Occidente, fundamentada bási-

Imagen de la *Historia evangélica* del jesuita Jerónimo Nadal (1593).
(The Internet Archive, archive.org).

camente en las ideas de Grecia y, con posterioridad, en la racional estructura del derecho romano.

Esta culpa solo podía ser lavada y redimida por la muerte del mismo dios todopoderoso que había creado al hombre y que, de hecho, había preparado, mediante el misterio fascinante, terrible y nunca explicado de la predestinación, las circunstancias que llevaron a tal situación. Diariamente y de la manera más cruda y gráfica, el suplicio de este –pervivencia de arcaicos mitos que solo cabría imaginar en sociedades muy primitivas– se mostraba al hombre occidental con todo lujo de detalles y de descripciones, haciéndole saber que, por su culpa individual y concreta, Dios mismo había tenido que encarnarse y sufrir una pasión atroz.

El intenso sentimiento de culpabilidad actuaba como un alienante insuperable y el dogma del infierno complementaba tal culpabilidad, ya que el pecador –el que despreciaba esta redención y ofendía infinitamente a este dios– se veía castigado con un suplicio infinito en intensidad y eterno en duración: sufrir eternamente, petrificado en un mismo instante atemporal, era una pena que ni los mismos dioses podían haber imaginado. Solo el hombre, en un acto de supremo sadismo, pudo autocastigarse con tal idea.

Pero, al mismo tiempo, como se ha indicado en el capítulo anterior, la agonía de Jesús en la cruz era también motivo de intensos placeres espirituales: «[...] acabando de comulgar [...], me pareció [...] que toda la boca se me había henchido de sangre; y parecíame estar también el rostro y toda yo cubierta de ella [...]. Me parece estaba caliente, y era excesiva la suavidad que entonces sentía, y díjome el Señor: "Hija, yo quiero que mi sangre te aproveche [...]. Yo la derramé con muchos dolores, y gózala tú, con tan gran deleite [...]"».[33]

El placer de la sangre salvadora, inundando físicamente el rostro y la boca del creyente con su caliente contacto tiene algo de estremecimiento, de espasmo erótico y, ciertamente, para estos hombres y mujeres que entonces y ahora pretenden sublimar y transferir el impulso erótico en pulsión mística, estos arrebatos emocionales, tan físicos por otra parte, son el equivalente de una verdadera posesión sexual: la sangre caliente equivale al esperma que se derrama por el rostro y la boca en una transferencia inequívoca, obligada y sentida como un sacrificio supremo.

Ambivalente en sus sentimientos y dislocado entre la búsqueda del placer al que le empujaba el instinto natural y el terror al pecado, castigado con la doble muerte del cuerpo y del alma en los infiernos, este hombre renacentista solo podía desarrollar una violenta neurosis, con tanto mayor motivo que sobre él actuaban, además, con enorme fuerza, los impulsos del poder, del ansia de riquezas y honores, impulsos todos ellos asimismo condenados y sin lugar posible en la ciudad celeste, pero que, no por ello, dejaban de existir tanto en el más humilde siervo como en la misma figura, aparentemente inmaculada, del papa.

En aquella Europa desgarrada entre su distinta y diferenciada manera de ser, tan patente en sus múltiples países, y en aquella España, trágica por la violenta tensión a que la sometían las indiscutibles reglas y leyes del catolicismo, en aquella España cansada por la erosión a que se veía sometida su propia manera de ser, encrucijada de razas y religiones de múltiples significados pero íntimamente ligadas y apegada a su espíritu guerrero y feroz, alejado de sutilezas intelectuales y de refinamientos artísticos, la mayoría de cuyos habitantes, aunque sometidos por el temor a la policía de las dos ciudades, anhelaba poder disfrutar de sus individualidades, sus ambiciones de poder, gloria, riqueza y fama, en el momento en que las minas de plata de México se abrían a la explotación de los conquistadores, nació muy probablemente en Ávila, en

1548, Tomás Luis de Victoria, hijo de Francisco Luis, de Ávila y de Francisca Suárez de la Concha, de Segovia.

Un año antes nacía Miguel de Cervantes y, en Roma, el genio de los genios, Miguel Ángel, ya había concluido el *Juicio Final* y, agotado y decepcionado, aunque con un ímpetu y una fuerza de trabajo increíbles, veía transcurrir sus últimos veinte años en Roma, allí donde Victoria iba a poder impregnarse de las pasiones e impulsos compartidos, doblemente compartidos, no ya entre las dos ciudades, sino entre las dos diosas que reinaron en la Edad Media y el Renacimiento como soberanas absolutas: Santa María y Afrodita. La segunda salía de las olas, juvenil e increíblemente bella, eclosión de una primavera deslumbrante de azules y de mar, de la luz del mar de Grecia, en los pinceles de Botticelli, mientras que María, abstracta y atroz en su dolor, una de las más extraordinarias imágenes de todo el arte universal, casi sin forma, fundida con el cadáver de su hijo, se veía cincelada por las manos de Miguel Ángel en los últimos años de su vida; pero, a la muerte de este, la ambigüedad seguía existiendo: la *Pietà Rondanini* nos llegaba de las manos del mismo autor de las *Rime* a Tommaso dei Cavalieri.

Miguel Ángel moría el mismo año en que nacía Shakespeare, para que el mundo pudiera continuar poseyendo y manteniendo en su seno a dos seres más que inmortales. Al morir uno legaba la antorcha creadora, imagen viviente de Aquel que los inspiraba, al otro; y así, podían seguir «tejiendo un vestido viviente para la divinidad», vestido de tragedias, pinturas, esculturas, arquitecturas y poesía.

A las *Rime*, de un amor más que humano a Tommaso dei Cavalieri, sucederían, años más tarde, los *Sonetos* con que Shakespeare concedía la inmortalidad al desconocido y bello adolescente, «verdadero autor y engendrador» de ellos. Junto con sus versos, que parecían hundirse en el mar de la belleza, señalando el camino hacia el místico Apolo, tal como el silencioso adolescente de Visconti se hunde en el mar de Venecia, imagen de lo inasequible, coexistían el llanto y la sangre, el lamento de Venus por Adonis con el lamento por el hijo crucificado, como si, al mismo tiempo, una colosal y cósmica Lady Macbeth hubiese sumergido sus manos en las aguas del océano primordial y estas hubiesen venido a ser rojas y sangrantes: la ambigüedad del amor y del dolor coexistía inseparable e intemporal.

Este era el mundo en el cual iba a vivir el más grande de los músicos de las Españas.

IV
El mundo musical en la época de Victoria

Música para la iglesia

«[…] ya ha aparecido Lutero en escena (1483-1546) y con su intento de reformar el cristianismo y de llevarlo a su original pureza ha abierto una herida en la ideología de Occidente que ya no volverá a cerrarse. Ahora la música se vuelve, asimismo, no hacia el pasado ni hacia el futuro, sino hacia una fría abstracción que, a veces, consigue crear en el oyente una sensación de majestad glacial e inhumana: será Palestrina (1525-1594) el que, únicamente para las voces del templo, escribirá un enorme *corpus* de obras»[34] y estas obras, como ya había observado la *Oxford History of Music* en su segunda edición,[35] son obras que miran más al pasado que al futuro. Sobre la música de Victoria planea con indudable fuerza la figura de Palestrina, pero lo cierto es que este morirá (Roma, 1594) cuando se inicia una de las más grandes revoluciones que haya conocido la historia de la música y sin que esta, obviamente, pueda afectarle: la aparición o, mejor dicho, el renacimiento de la ópera.

Así, el mundo musical que conoce Victoria, encerrado voluntariamente en el campo particular y determinado de la música para la iglesia, está fuertemente influido por la personalidad de Palestrina y, posteriormente, pero sin que parezca que por su parte haya el menor interés en conocerlo y asimilarlo, por la gigantesca figura de Monteverdi, autor dramático y, asimismo autor de músicas para la iglesia, las más importantes de las cuales (las *Vísperas* de 1610) es muy probable que Victoria no llegara a conocer jamás. Sin embargo, sí pudo haber tenido acceso a tantas otras obras anteriores de este.

La forma con que nos llegan las obras dramáticas de Monteverdi (una melodía con el fundamento de otra melodía en el bajo –en la tesitura grave–, que tendrá que ser tocada o tañida por los músicos y rellenada por el músico que taña el clavicémbalo con los acordes adecuados que exijan ambas melodías) es harto diferente a la libertad y autonomía con que se mueven las distintas voces en la música para la iglesia: con Monteverdi y sus colegas lo importante es el canto de la melodía superior y su *acompañamiento* (palabra esta peligrosa si las hay). Este sistema de escritura abre la puerta a la posibilidad de unas músicas limitadas únicamente a una melodía acompañada con acordes estereotipados como, de hecho, así llegó a suceder, a pesar de que el sistema se revelara muy fructífero en manos de Rameau, Couperin, Bach e incluso Mozart; a partir de finales del siglo XVIII la técnica del *bajo cifrado* deja ya de tener vigencia y los compositores, en cierto aspecto, vuelven a escribir, con todos los naturales enriquecimientos y diferencias de estilo, al modo antiguo: todas las voces son autónomas e igualmente importantes.

El traslado de la voz más importante a la voz superior y, al mismo tiempo, la simplificación de los valores rítmicos en relación a la época anterior de la floreciente y riquísima escuela flamenca, son, quizá, los elementos más nuevos con que pudo encontrarse Victoria y que chocaban con su modo de hacer y concebir el fenómeno musical; por otra parte, ambos elementos venían mediatizados y aparecían porque así lo exigía la nueva forma que entonces irrumpía en el mundo musical: la ópera.

Razones de tipo técnico (facilitar la interpretación) y dramático (facilitar la audición del texto) habían llevado a acompañar el recitativo de los textos dramáticos, no por una orquesta compleja, sino por un bajo que engendraba unos determinados y relativamente sencillos acordes que no estorbaban la comprensión del acaecer dramático. Mas, todo ello, por razones del tipo de música que Victoria escribía, no llegó prácticamente a influir en él: solo en algunas obras determinadas (por ejemplo, la misa *Pro Victoria*) el musicólogo puede detectar algunos pequeñísimos detalles en los que parece apuntar una cierta influencia de los nuevos tiempos y el indudable conocimiento que de las nuevas músicas poseía Victoria.

A pesar de ello, las obras de Victoria continúan prácticamente indiferentes a las novedades técnicas del momento o a aquellas maneras de escribir que no le parecen lo suficientemente dignas; así, la costumbre de la parodia (incorporación, en especial en las misas, de material procedente de composiciones polifónicas –motetes, canciones, madrigales– generalmente profanas) le es totalmente extraña, mientras que las tres cuartas partes de las misas de Palestrina y Orlando di Lasso son misas de parodia. Victoria se limitará a parodiar melodías procedentes del repertorio del canto llano, pero jamás del repertorio profano.

Victoria es un músico que vive en la época de la Contrarreforma y es el músico católico por excelencia; Enrico Fubini[36] señala acertadamente que «[...] si en la Europa católica la música tendía, durante el Renacimiento, tanto en la liturgia como en el campo profano, a la separación entre ejecutante y oyente, el ideal perseguido por Lutero iba en dirección contraria». El ideal luterano de la participación del pueblo en el canto y en la interpretación de la música llevó a un «muy particular desarrollo de la música instrumental en el mundo anglosajón y alemán», ya que Lutero, quizá por vez primera en la historia, «reconoce un valor positivo en el placer producido por la audición musical y concede la máxima dignidad educativa a la música en sí y *per se*, independiente de su servicio a determinadas funciones extrañas o accesorias a esta».

Fubini señala, asimismo, cómo nace el drama musical en el área católica, quizá por su agresividad directa al espectador y centrando el interés en especial en la relación entre música y texto, conservando y acentuando las premisas moralizantes e intelectuales sobre las que se fundaba, mientras que la otra corriente, procedente de la nueva concepción luterana de la música y de sus premisas estéticas e ideológicas, dará paso, por el principio de la autonomía de la música, a un nuevo interés por el lenguaje musical, los fundamentos de la incipiente ciencia de la armonía y su significado: en manos de Descartes[37] el placer producido por la melodía es considerado irracional, pero la armonía, como estudio de las relaciones matemáticas entre los sonidos, puede ser racionalizada y ser objeto de estudio por parte del filósofo.[38]

Esta autonomía de la música inicia su camino, hacia el apogeo del siglo XVIII, en el Renacimiento; durante la Edad Media la música instrumental, en comparación con la música litúrgica, eminentemente vocal, había tenido una importancia secundaria. Pero ahora, durante el siglo XVI, la música instrumental conoce un enorme crecimiento que es, ciertamente en parte, un síntoma de secularización y uno de los indudables causantes de esta situación que, poco a poco, alterará el panorama musical de Occidente, es la aparición del protestantismo y la difusión de las ideas de Lutero sobre las funciones que la música debe cumplir en la sociedad restaurada.

Pero este interés en que el círculo en que se desenvuelve la música se amplíe y sean los más posibles los que la interpreten y hallen su modo de expresión en ella, si por una parte hace que la liturgia sea cosa de todos, por otra, al llevar la música a las casas, fuera del templo, inicia un inevitable camino de secularización y, en el mejor de los casos, de abstracción totalmente alejada de cualquier intención religiosa o confesional.

Por otra parte, el siglo XVI es el siglo por excelencia de la polifonía, aunque hoy día ya no podemos decir, como a comienzos de siglo, que fue la época de Palestrina; ciertamente, la influencia de este fue inmensa y su prestigio llegó a ser, hasta hace poco, único. Ahora, con un mayor conocimiento de las obras producidas en su tiempo y con la repetida audición de las obras de unos y otros, la producción de Palestrina, helada abstracción de suaves curvas que se cruzan tejiendo el arabesco de las voces, sin que parezca estar presente la pasión del creyente ni la agonía barroca que sabrán expresar tan admirablemente Bernini en su *Transverberación de Santa Teresa*, Monteverdi en sus *Vísperas* o Victoria en sus *Lamentaciones* o en su *Requiem*. Por ello, aunque admiradores profundos del autor de una obra tan inmensa y rica de técnica, nos sentimos alejados del lado decorativo de su música. Quizá en el aspecto abstracto, impersonal y frío de sus admirables construcciones sea donde, en cierto modo, pueda hallarse lo sublime, lo grandioso. Si el límite de la perfección es lo abstracto, aquello que carece de forma porque está más allá de ella, quizá, en ciertos momentos de la obra de Palestrina, este se acerque a lo sublime e, incluso, lo alcance.

El madrigal

Palestrina, por otra parte, mostró ser en algunos aspectos más humano que su apasionado colega Victoria; el arte del madrigal le debe una notable serie de ellos (iniciados en

1555), muy apreciados en su época y entre los que se cuenta *Vestiva i colli*, que aparece en sucesivas reediciones. Los más antiguos madrigales proceden del norte de Italia, alrededor de 1320, y llegan a alcanzar su forma definitiva cerca de 1340. Esta consiste en dos o tres versos de tres líneas (*stanze*), usualmente con idéntica música y un *ritornello* final de dos o tres líneas; las líneas individuales tienen normalmente siete u once sílabas.

A principios del siglo xvi, el término *madrigal* vino a ser sinónimo de pieza de varios tipos y formas de versos: varias hipótesis tratan de explicar el origen de esta palabra, y según una de ellas *madrigal* procede de *materialis* (como opuesto a *formalis*) y haría referencia a un poema sin leyes ni formas concretas; según otra, podría ser un canto pastoral, etc. Con todo, el madrigal del siglo xvi es una imitación libre, sin ninguna forma estricta, del que se escribía en el siglo xiv, y los compositores de comienzo de siglo, en especial los flamencos, que en aquel entonces trabajaban en Italia, Willaert, Verdelot o Arcadelt, cooperaron con los poetas del momento (como Bembo y sus seguidores) para conseguir un nuevo estilo de expresión y refinamiento verdaderamente artísticos; una de las ramas en las que se dividió esta forma fue el *madrigale spirituale*, género en el que sobresalió Palestrina.

En su última etapa, el madrigal halla sus acentos más refinados y, quizá decadentes, en la obra de Gesualdo, Marenzio y Monteverdi (hasta aproximadamente 1620). Pero entre sus cultivadores jamás aparece el nombre de Victoria; este se hallaba tan sumergido en el mundo eclesiástico y tan preso entre las sutiles redes de una ideología que todo lo sacralizaba y nada dejaba fuera de su ámbito, que no supo o no pudo escapar a tan fuertes influencias y jamás fue capaz de escribir música para un texto profano.

Música instrumental

Por otra parte, hasta mediados del siglo xv, la música instrumental difícilmente se distinguía de la música vocal y, en calidad o número, era casi inexistente, por lo menos la que ha llegado hasta nosotros. A partir del siglo xvi, sin embargo, y por muy diversas razones, entre las que ya hemos destacado la influencia de la reforma luterana, la música instrumental comienza a conocer un auge que ya nunca dejará de tener. Desde el inicio de esta emancipación, el laúd (y la vihuela en España) y los instrumentos de tecla serán los portadores e iniciadores de este cambio, cambio de idioma que vendrá precedido y seguido después paralelamente por un cambio de estructura interna, por el paso de la modalidad a la tonalidad. Esta gradual evolución aparece en un principio, no en la notación, sino en la interpretación práctica (mediante el uso de la *musica ficta,* es decir, de la música falsa o alteraciones sobreentendidas que por su uso tendrían a sobrepasar el ámbito de la modalidad y abrían paso a la estructura tonal) y todo ello se desarrolla mediante un proceso aún no del todo claro, aunque parece evidente que el camino con que este se realizó estaba íntimamente ligado al paso de la polifonía a la homofonía (en otras palabras, a la diferencia entre la música eclesiástica y la música dramática).

Esta evolución aparece asimismo muy clara en determinadas obras para tecla de Antonio de Cabezón[39] y, mucho más que en la obra de Palestrina –en la que es casi inexistente–, en la de Victoria. Zarlino, discípulo de Willaert, en sus *Istitutioni harmoniche,* 1558, fue el primero en invocar el temperamento de razón igual para la escala musical (cuya historia puede retrotraerse hasta 1518, cuando H. Grammateus recomendaba dividir la octava en diez semitonos iguales y dos de más pequeño tamaño; V. Galilei, en su *Dialogo* de 1581 propuso ya el uso de un semitono de frecuencia 18/17, con lo cual se aproxima extraordinariamente a un semitono bien temperado). Zarlino, asimismo, fue el primero que, conscientemente, estableció una diferencia entre la armonía mayor y menor, asociándolas a estados de alegría o tristeza: «[...] quando si pone la Terza maggiore nella parte grave l'Harmonia si fa allegra et quando si pone nell'acuto si fa mesta» y nos dice, asimismo, que la sucesión de acordes menores «farebbe il concerto molto malinconico».

En 1600 aparecen las *Euridice* de Peri y de Caccini, seguidas en 1602 por las *Nuove musiche* de Caccini y los *Concerti ecclesiastici* de Viadana; hacía ya seis años que Palestrina y Lasso estaban muertos, mientras que Victoria, encerrado en las Descalzas Reales de Madrid, estaba a punto de publicar su *Requiem* de 1605, sin que pareciera conocer o reconocer la música de los nuevos tiempos.

Estos avanzaban sin que fuera posible detenerlos: a la edad de la religión iba a suceder la edad de la razón; a la primera estaba ligada la modalidad, eclesiástica y funcional, mientras que a la segunda, estructural pero también emocional, romántica, estaría ligada la nueva tonalidad. Victoria se detuvo a las puertas de la tonalidad y, quizá por ello, por no querer colaborar con el signo de los nuevos tiempos, detuvo su pluma y dejó de escribir hasta su muerte, en 1611.

La evolución hacia formas de pensar y de vivir más libres y menos ligadas al teocentrismo medieval y a la omnipresencia divina que todo lo mediatizaba llevó al arte de la música a evolucionar, asimismo, hacia formas y estructuras nuevas y lo llevó al abandono de la sagrada modalidad. El mundo tonal, el mundo de la armonía, que será definitivamente establecido y definido poco antes de los tiempos de la Revolución francesa[40] será codificado ya como un algo cerrado y sin evolución posible por A. Schoenberg en su *Armonía* de 1911, pero, al inicio de la edad de la ciencia, será el mismo Schoenberg, en las últimas páginas de su tratado y en las músicas que en aquel entonces escribirá, quien cerrará el ciclo y, para los nuevos tiempos, abrirá nuevas posibilidades y caminos.

V
Tomás Luis de Victoria

«Nacido en Ávila en 1548 y muerto en Madrid, el 20 de agosto de 1611. Compositor español y también organista, residente durante algunos años en Italia. No solo fue el más grande de los compositores españoles del Renacimiento, sino una de las máximas figuras de la música eclesiástica en la Europa de su época; por encima de todo, ha sido admirado ya desde su tiempo por la intensidad emotiva de alguno de sus motetes, por su *Requiem* de 1605, y por su *Oficio para la Semana Santa* (1585)». Así define al compositor, en el *New, Grove Dictionary of Music and Musicians*,[41] un musicólogo como Robert Stevenson, uno de los que más conocen la música y a los músicos españoles de ese período. Tanto a este artículo como a su fundamental *Spanish Cathedral Music in the Golden Age*[42] tendremos que referirnos frecuentemente, y esbozaremos nuestra breve nota biográfica siguiendo ese texto.

Del matrimonio de sus padres, celebrado en 1540, nacieron once hijos, el séptimo de los cuales fue Tomás Luis. Alguno de sus primos por línea materna alcanzó cierta posición destacada en la sociedad. Así, Hernando fue jesuita misionero en México, y Baltasar, mercader en Florencia, acabó casándose con una parienta del Gran Duque Cósimo I de la familia de los Medici, entrando de esta forma en los círculos de la alta nobleza. Un tío por parte de padre, con cuyos nombres de Tomás Luis fue bautizado, era abogado en la Real Cancillería de Valladolid. Habiendo enviudado, se ordenó sacerdote y, en 1577, vino a ser, finalmente, canónigo de la catedral de Ávila.

El padre de Tomás Luis murió en 1557 y otro tío, Juan Luis, que asimismo era sacerdote, se hizo cargo de su familia. Victoria aprendió los rudimentos de la música como mozo de coro en la catedral de Ávila, bajo los maestros de capilla Gerónimo de Espinar (1550-1558) y Bernardino de Ribera (1559-1563). Ribera y su sucesor, Juan Navarro (aproximadamente 1530-1580), eran dos de los compositores de música sacra más importantes de su época. Dice Rubio:[43] «Las enseñanzas que el maestro de capilla, o su ayudante, debía impartir a todos estos muchachos eran: canto llano, en el que han de estar *bonicamente enseñados* en el breve espacio de cuatro meses, si se ha puesto buena diligencia en hacerlo; canto de órgano, que se acometerá con mucha furia, obligándoles a copiar en sus cuadernos –una vez conocidas las figuras, pausas y ligaduras– dúos, tríos, versos del *Magnificat* a cuatro, así como algunos motetes buenos, porque apuntándolos los mismos niños tienen más conocimiento de ello y más presto se desenvuelven, pasando luego a cantar todo esto de muy buen aire y con toda osadía. E como los dichos niños estén un poco diestros en el canto de órgano, luego el dicho maestro les ponga en darles lición de contrapunto, porque esto es con lo que se acaban de hacer hábiles».

Aparte de su vida como mozo de coro y de sus estudios musicales, Victoria pudo interesarse en la música para órgano bien oyendo a los organistas de la catedral, Damián de Bolea y Bernabé del Águila (y estudiando con ellos) o bien bajo la impresión de haber asistido a la segunda de las actuaciones que el celebérrimo Antonio de Cabezón hizo en la catedral (la primera en noviembre de 1552 y la segunda cuando Victoria tenía nueve años, poco antes de entrar como mozo de coro en la catedral, en junio de 1556). Recordemos el conocido dato de la existencia de una casa propiedad de Antonio de Cabezón desde aproximadamente 1538 a 1560, parece que no muy lejos de la casa de los Victoria, en Ávila, ciudad natal de la esposa de aquel, Luisa Núñez; ello podría sugerirnos una posible relación entre ambos músicos, aunque lo insinuamos solo a título de sugestión.

Su educación en las disciplinas de los clásicos, que lo llevarían a escribir en las dedicatorias de sus ediciones un latín excelente y muy elegante, muy probablemente comenzó en la escuela de San Gil, abierta por los jesuitas en 1554 para la educación de los niños. Este centro de enseñanza gozó, desde sus comienzos, de una excelente reputación, testimonio de la cual es una opinión de Teresa de Ávila, en una carta fechada en Toledo el 17 de enero de 1570 y enviada a su hermano, Lorenzo de Cepeda, residente entonces en Quito: «Olvidóseme de escribir [...] el buen aparejo que hay en Ávila para criar bien esos niños. Tienen los de la Compañía un colegio, adonde los enseñan gramática [...]. También leen filosofía y después teología».

El maestro debía enseñar desde el mediodía hasta las dos; el número de los mozos se estableció en doce, de los cuales cuatro servían regularmente en el altar y el resto en el coro (Estatutos Capitulares de Ávila, aproximadamente 1546);[44] Victoria pudo irse formando allí como músico –quizá como organista– y como conocedor de los clásicos y dominador del latín.

Ignoramos cuáles fueron sus lecturas y si se interesó por las obras de los clásicos griegos y latinos; desgraciadamente, no poseemos de él un inventario como el que nos ha llegado de la biblioteca de El Greco, casi contemporáneo de Victoria (1541-1614), que hace patente una profunda curiosidad intelectual en el pintor y que, dada una especie de peculiar paralelismo entre ambos, inclinados a una intensa capacidad de síntesis y de abstracción, muy dramática, por otra parte, quisiéramos señalar y quizá creer que podría ser indicativo de las lecturas del músico de Ávila: este inventario se extiende desde la tragedia griega, Homero, Aristóteles, Demóstenes, etc., hasta las ciencias y la arquitectura. Junto a estas obras se halla la Biblia y las obras de los Padres de la Iglesia; en lengua italiana y como producto de una sociedad que Victoria conocerá por su parte más tarde durante casi cuarenta años, hallamos, además de las obras de Petrarca, de Tasso y de Ariosto, dos tratados de medicina y las obras de Vitrubio, Palladio, etc. Esta extensa biblioteca podría ser un buen ejemplo de lo que eran los intereses literarios e intelectuales de un artista de aquel momento que no llegara a poseer la extraordinaria amplitud de miras de un Miguel Ángel o un Leonardo. Con todo, la lectura de las dedicatorias que Victoria escribió como prólogo a cada una de sus ediciones muestra un buen conocimiento del latín y, muy probablemente, una cultura humanista que, en esa época, estaba principalmente en manos de determinados clérigos.

Italia

Al cambiar la voz, Victoria fue enviado al *Collegium*, fundado por Ignacio de Loyola en Roma en 1552 para preparar misioneros que convirtieran a los protestantes alemanes –de ahí su nombre de *Collegium Germanicum et Hungaricum*–. Este, después de la muerte de su fundador, fue ampliado considerablemente bajo la dirección de los jesuitas españoles Diego Laínez y Francisco de Borja. El joven Victoria llegó a Roma en 1565.

El número de estudiantes era aproximadamente de doscientos y, según las constituciones, solo podían entrar en el

Collegium jóvenes entre quince y veintiún años. Stevenson[45] hace notar que, entre sus condiscípulos, se hallaban dos jóvenes ingleses, uno de los cuales, Thomas Cottam, tenía un hermano, John, que enseñó gramática en Stratford en tiempos de la juventud de Shakespeare. Este conoció asimismo y supo de la existencia del hermano sacerdote de su maestro quien, finalmente, murió ajusticiado en Tyburn en 1582 por sus actividades en el bando católico.

En el *Collegium Germanicum* convivían dos clases de estudiantes: una pequeña minoría de alemanes, que se preparaban para el sacerdocio misionero en Alemania, y un grupo mucho mayor de estudiantes que pagaban una pensión. Estos incluían a ingleses, italianos y españoles, algunos de los cuales se preparaban, asimismo, como sacerdotes. Victoria pertenecía, evidentemente, a este último grupo (*convittori*).

Los dos principales benefactores del *Collegium Germanicum*, desde sus comienzos, fueron el rey Felipe II de España y el cardenal-arzobispo de Augsburgo, Otto von Truchsess von Waldburg; muy pronto, este se interesó por la personalidad del joven estudiante y –según opina Stevenson, al que seguimos fielmente, como antes hemos dicho– podría conjeturarse que, ya en España, país que el cardenal visitó en marzo de 1564, un año antes de que Victoria entrase en el *Collegium* romano, había habido alguna relación entre ambos. Según Stevenson, podrían haberse encontrado en Barcelona entre el 17 y el 28 de marzo del mismo año; sea como fuere, Victoria siempre reconoció la deuda que tenía con el cardenal Truchsess, y en 1572 le dedicó la primera edición de sus *Motecta*, publicados por Antonio Gardano en Venecia.

Es posible que Victoria, estudiante en el *Collegium Germanicum*, llegara a conocer al príncipe de la música italiana del momento, Palestrina, ya que dos de los hijos de este, Angelo y Rodolfo, estudiaban en el cercano Seminario Romano y ciertas clases se impartían simultáneamente para ambos institutos. Palestrina servía como *maestro di capella* en el Seminario Romano –fundado por Pío V y dirigido asimismo por los jesuitas– para sufragar los gastos de los estudios de sus hijos, ambos también muy dotados para la música. Estos estudiaron en el seminario desde abril de 1566 hasta septiembre de 1571 y, posiblemente, pudieron relacionar a su padre con Victoria. Quede en el terreno de las suposiciones si esta relación fue puramente circunstancial o Victoria llegó a estudiar música con el gran Palestrina. En todo caso, tal como él mismo dice en posteriores prólogos a las ediciones de sus obras, sus estudios en el *Collegium Germanicum* no se limitaron solo a la teología: en la dedicatoria de sus *Hymni totius anni* (Roma, 1581) y en la de sus *Missarum Libri duo* (Roma, 1583), dedicadas a Felipe II, lo especifica claramente y, al rey de España, le dice: «Desde que vine a Roma desde España, aparte muchos y nobles estudios a los que me he aplicado durante varios años, he dispensado mucho tiempo y esfuerzo al estudio de la música [...], he trabajado lo más seriamente posible para perfeccionarme en aquel estudio [de la música] para el que yo me siento arrastrado como si hubiese en mí oculto algún natural instinto».

A comienzos del año 1569, Victoria es contratado como cantor y sonador del órgano en la iglesia, construida por los españoles –aragoneses–, de Santa Maria di Monserrato, alrededor de 1495, y en la que están enterrados dos papas españoles, Calixto III y Alejandro VI. Victoria entra a trabajar en esta iglesia con el sueldo mensual de un escudo; dos años más tarde, Giovanni Pierluigi di Palestrina vendrá a ser maestro de capilla de San Pedro y se limitará a ser *maestro di canto*, dejando de ser organista, mientras que Victoria ya nunca dejará de tañer el órgano. Ello nos lleva a preguntamos por qué no ha llegado hasta nosotros ninguna pieza para órgano de Victoria aunque, como veremos, algunas de sus obras llevan un acompañamiento para este instrumento, acompañamiento que, en la práctica, se limita a doblar las voces. El caso de Victoria –de no existir ninguna pieza para órgano, aunque se insinúa en los círculos musicológicos la existencia de un libro de órgano con obras suyas– es muy parecido al de Bruckner quien, siendo organista de primera fila e improvisador genial en este instrumento, dejó lo mejor de su música en sus sinfonías y obras corales y del que solo nos restan unas breves y muy circunstanciales piezas para órgano. En el caso de Victoria, no solo nada nos ha llegado de este para el órgano, sino que incluso se da el caso de que, en los últimos años de su vida, de 1604 a 1611, en las Descalzas Reales de Madrid, ocupó únicamente el cargo de organista del convento.

Hasta 1574, Victoria continuó en Santa Maria di Monserrato, pero ya a comienzos de 1573 comenzó a cantar ocasionalmente en otra iglesia, regentada por los españoles, San Giacomo degli Spagnoli. Esta iglesia ya le pagó, en abril de 1573, seis escudos por sus *Motecta* de 1572, primera de sus obras editada y también por ciertos servicios como cantor; la parroquia de S. Giacomo lo contrató hasta 1580 (excepto en el año 1578) para cantar en la celebración de la fiesta del Corpus Christi. El 18 de noviembre intervino con un cierto número de coristas en los servicios celebrados para conmemorar la victoria de los españoles en la batalla de las Azores contra Antonio, prior de Crato, pretendiente al trono de Portugal. Victoria fue asimismo contratado para cantar en otras parroquias de Roma, tal como en la iglesia de la Trinita dei Pellegrini.

Maestro de capilla

Su situación se hizo más importante cuando el *Collegium Germanicum* le instituyó maestro de capilla, en 1571, siendo el rector, en aquel momento, Sebastiano Romei. El general de la orden de los jesuitas era entonces Francisco de Borja, también compositor –aunque no nos consta de ningún modo que conociera o tratara personalmente a Victoria– y hombre que actuaba entonces como comisionado por el papa Pío V en la Corte española, para tratar de conseguir una liga entre Francia, España y Portugal contra los turcos y para disipar ciertas dificultades habidas entre la Corte española y el papado. Durante su ausencia, actuó como general Jerónimo Nadal y, por una carta de este a Francisco de Borja, sabemos que la vida en el seminario proseguía tranquilamente y que, sin él saberlo, Sebastiano Romei había contratado «al músico Victoria, que de antes estaba en el collegio, y le dan quince julios al mes; enseña a los muchachos, etc. Vea V. P. si esto ha de conservar» (24 de octubre de 1571).

Se supone generalmente que Victoria obtuvo su nominación para el *Collegium Germanicum* mediante la intervención del cardenal Truchsess. Esta hipótesis nació por la dedicatoria hecha por Victoria, en 1572, en la edición del primero de sus libros, los *Motecta Que (sic) Partim* (Venecia, 1572), en la que dice al «Patrono digno de la mayor reverencia: [...] ya desde tiempo, guiado por tu patrocinio, me aplico a ella [a la música]». Este patrono era el cardenal Otto Truchsess, hombre de un exquisito gusto y que poseía una capilla de músicos que llevó con él desde Alemania a Roma en 1562, cuando acudió a la Ciudad Eterna para el Concilio de Trento. Victoria conoció al *kapellmeister* del cardenal, Jacobus de Kerle (aproximadamente 1531-1591), posiblemente en Barcelona donde, tal como ya hemos dicho, pudo encontrar por vez primera al cardenal-obispo de Augsburgo en 1564. Kerle había estado en Roma desde 1559 y tuvo una parte importante en la reforma de la música eclesiástica: el cardenal Otto le encargó la composición de unas *Preces speciales* para el Concilio de Trento (compuestas entre 1561 y 1562); desde entonces se convirtió en director de la capilla privada del cardenal; ignoramos la relación que pudo haber entre ambos compositores, aunque Pedrell y Collet creen que Victoria pudo suceder a Kerle en la dirección de la capilla privada del cardenal, ya que Kerle se convirtió, en 1568, en organista de la catedral de Augsburgo.

Ignoramos también –aunque se ha supuesto sin demasiado fundamento– qué influencia o relación hubo entre Victoria y Fernando de las Infantas (1534-1610), personaje harto curioso y del que se espera aún la publicación de su *Plura modulationum genera* (1579), colección de cien ejercicios de contrapunto y tres cánones, uno de ellos enigmático (por movimiento contrario)[46]. De las Infantas jugó un papel importante en el pontificado de Gregorio XIII ya que, por su mediación ante el rey Felipe II, se logró hacer abortar la tentativa de revisar el Gradual y, con ello, se conservaron para la posteridad –consiguiendo que el papa desoyese los consejos de Palestrina y de Zoilo– las melodías tradicionales de la liturgia católica; con todo, su ortodoxia era más que sospechosa (su *Tractatus de praedestinatione* será incluido en el Índice por Clemente VIII en 1603) y su interés en el quietismo bastaba para que no fuese tenido en cuenta por Francisco de Borja o por los directores del *Collegium*.

En el año siguiente señalamos uno de los más importantes acontecimientos en la vida de Victoria: la primera edición de su primer libro de motetes, realizada cuando contaba veinticuatro años (Venecia, 1572); esta contiene los mejores motetes que escribió y volvió a reeditarse, revisada y algo ampliada, en 1583, 1585, 1589 (por dos veces) y 1603.[47]

Esta edición, que comprende motetes, letanías, antífonas, salmos, etc., todos ellos englobados bajo el título general de motete, según costumbre típica del siglo XVI,[48] tiene gran importancia, ya que muchos de los motetes allí incluidos serán considerados desde aquel momento como verdaderas obras maestras de su autor y reeditados múltiples veces.

Como es sabido, Victoria dedicó la edición a su protector, el cardenal Otto del que, al marchar Kerle a Augsburgo como organista, quizá vino a ser maestro de capilla hacia 1568, y permaneció en este cargo hasta los alrededores de 1572; el cardenal murió en abril de 1573.

La edición comporta diversos grupos de motetes, de cuatro a ocho voces y, entre ellos, están algunas de las más conocidas y más hermosas de entre las obras de Victoria: *O magnum misterium* (*sic.* en la edición), *Vere languores nostros* y *O uos omnes*; Victoria dedica al cardenal estas «pías canciones elaboradas con musicales artificios [llamadas motetes por el vulgo] que gusté de componer para utilidad de los hombres buenos y, en primer lugar, de los estudiosos de esta ciencia» y más adelante dice al cardenal: «¿A quién era más justo entregar este primer fruto de mi trabajo que a ti, de quien todo lo he recibido y de quien comprendo que han derivado todos mis conocimientos sobre la materia? Por lo cual confieso que te debo tanto por comparación a los demás cuanto apenas es conveniente que un hombre deba a otro hombre [...] acerca [de las primicias de mi ingenio] si recibo noticias de tu aprobación, contento de este juicio tuyo emprenderé otras [obras], y no me ocuparé de lo que otros opinen o digan sobre mí».

Esta exaltada –y también cabe dentro de lo posible, convencional– dedicatoria, tal como dice Stevenson, no debemos tomarla demasiado en serio. Difícilmente podemos aceptar que Victoria recibiera todos sus conocimientos musicales y todas sus posesiones –situación y respeto de sus contemporáneos– de las manos del cardenal Otto y únicamente de él; es muy probable que, bajo esta dedicatoria, haya solo una aduladora y servil gratitud y que, siguiendo las costumbres de la época, Victoria se limitase a escribir una dedicatoria más de entre las múltiples que en aquel entonces se escribían. Con todo, en este texto se transparenta la vanidad, quizá ingenua, del compositor que escribe y publica estos motetes, quizá a sus expensas (¿o a las del Cardenal?) para la «utilidad de los hombres buenos y, en primer lugar, para la utilidad de los estudiosos de esta ciencia [de los artificios musicales]»; Victoria era, pues, consciente del valor de su música y de la enseñanza que de ella podían extraer los estudiosos.

En 1573 Victoria ocupaba puestos importantes tanto en el *Collegium* como en el Seminario Romano; en el primero, como instructor de canto llano y en el segundo, como maestro de capilla. En otoño de 1571 se le requirió en el *Collegium* para enseñar a los niños y, ciertamente, entonces no era aún maestro de coro en el Colegio Germánico donde, por otra parte, no existía ningún coro constituido regularmente, ya que las constituciones originales de Ignacio de Loyola, en 1552, solo obligaban a los estudiantes a oír misa y a recitar el oficio. Pero en este mismo año de 1573 se establecieron nuevas constituciones y en ellas los estudiantes venían obligados a aprender *chorale cantum* así como *omnia quae ad Templum... pertinent*. Pero cuando el P. Girolamo Nappi (muerto en 1648) anota en sus Annali del Seminario Romano (1640) que Victoria, en el 25 de junio de 1573 «llegó al *Collegium Germanicum* como *cantore*», bajo este nombre, nos dice Stevenson, debemos entender que, muy probablemente, era el instructor de canto llano. Nappi señala también que Victoria era *maestro di cappella* en el Seminario Romano en el mismo año y, en cuanto a la fecha en que fue nombrado para dicho cargo, se cree que ya en el año 1571 pudo haber sido el sucesor de Palestrina, ya que este dejó de trabajar en el Seminario el 25 de septiembre de 1571, en el momento en que sus dos hijos terminaron sus estudios en él. Stevenson señala que, sea lo que fuere, no se consideró indigno que el español, de veinticinco años, fuera el sucesor del maestro Palestrina, entonces en la edad de cuarenta y ocho años.

Más tarde, pero en el mismo año, los jesuitas, que dirigían ambos colegios, decidieron que había llegado el momento de separar a los estudiantes alemanes de los *convittori* junto a los cuales trabajaban en el *Collegium Germanicum*: esto se realizó el día de San Lucas, el 17 de octubre, y el rector, Michele Laurentano, ordenó una fiesta de despedida, que ha sido descrita por el citado Girolamo Nappi: «[...] para hacerles la separación lo más dulce posible, decidieron introducir la música en esta ocasión. Tomás Luis de Victoria, compositor insuperable, fue el encargado de escribir la música adecuada para que la ocasión fuese no solo solemne, sino incluso alegre. Se invitó al coro de la Capilla Sixtina a la misa en la mañana y después para un refrigerio; después de este, los cantores papales alegraron la tarde con sus bromas [...]. La marcha de los estudiantes alemanes tuvo lugar a las siete de la tarde a la luz de muchas antorchas [...] y salieron caminando de dos en dos; esto hizo que se formara una larga procesión de cerca de cien personas; en su camino hasta el Palazzo della Valle también se interpretó música y en el inmenso vestíbulo de este palacio se preparó un altar y allí se cantó el *Salmo 136 Super flumina Babylonis* (compuesto por Victoria)».[49]

En el año jubilar de 1575, el papa Gregorio XIII, gran amigo de la Compañía de Jesús, donó el palacio que se encuentra al lado de la iglesia de San Apolinar al *Collegium Germanicum*: allí, Victoria se convirtió también en maestro de coro. La obligación de mantener el culto hizo necesario preparar una *cappella musicale* que pudiera cantar tanto polifonía como canto llano; sus actividades en Santa Maria di Monserrato terminaron en 1574 y, para simultanear ambas actividades en San Apolinar y en el Colegio Germánico, encontró una gran ayuda en el rector de este, Michele Laurentano, hombre muy interesado en la música. Gracias a él, Victoria pudo organizar un coro de un notable nivel.

Durante los años siguientes, Victoria estará más o menos relacionado con el *Collegium* y, por lo menos, hasta 1577 continuará en él. De 1576, como ya hemos dicho antes, data la edición veneciana de su *Liber Primus Qui Missas...* en la que se le cita como *Collegii Germanicii in Vrbe Roma Musicae Moderatoris* y cuya dedicatoria está dirigida a Ernesto, conde palatino del Rin y príncipe de las dos Bavieras, arzobispo de Colonia y de Münster y protector del Collegium Germanicum. En ella Victoria dice haber «sido enardecido por el entusiasmo, la nobleza, magnificencia, liberalidad, ingenio, erudición, afabilidad y todas las restantes y divinas virtudes» del arzobispo y «que ha querido levantar un monumento con su respeto y devoción hacia su divina majestad [del arzobispo]». Un poco más lejos aparecen, por vez primera, alusiones mitológicas que suenan algo extrañas –aunque circunstanciales– en manos de un hombre supuestamente tan severo y espiritual como se dice que era Victoria: «[...] tú mismo guías a tu pueblo en este arte [de la música] del cual se derivan tantas y tan grandes utilidades para el género humano, junto con un sumo deleite, de manera que no es extraño que se diga que proviene de las Musas, autoras de todas las buenas artes [...]; pues así como en tiempos antiguos fueron consagradas a Febo las cítaras, liras, laúdes e instrumentos sonoros de este tipo, en nuestro tiempo, las obras del mismo género, ¿a quién van a ser dedicadas mejor que a ti, primero entre todos en el estudio de este arte?».

Aunque en 1578 Victoria ingresa en S. Girolamo della Carita, no por ello deja de relacionarse con el *Collegium* y así, en la Navidad de 1585, según el diario del Colegio sabemos que «[...] un *Benedictus* (cantado en Laudes), con acompañamiento de órgano hizo un efecto extraordinario, ya que el Maestro Victoria, autor de este, estaba presente». Este *Benedictus*, opina Stevenson, quizá era uno *a 4*, impreso en el mismo año en el *Officium Hebdomadae Sanctae* (Roma) y las razones que aduce para ello parecen convincentes, aunque en esta edición la obra aparece sin la parte de órgano, tal como se encuentra en alguna de sus otras obras; ello no plantea un gran problema, ya que estas partes de órgano se limitan a doblar las voces, simplificando en algún momento la marcha de estas. Esto se puede interpretar, por otra parte, como que se admitía, aunque no se hubiese señalado explícitamente, doblar con el órgano la interpretación de una obra escrita, en principio, únicamente para voces.

En 1575 Victoria es admitido en las órdenes menores (lector y exorcista) y, poco después, es ordenado subdiácono. El 25 de agosto se convierte en diácono y, tres días más tarde, es ordenado sacerdote: tenía aproximadamente en aquel entonces veintisiete años.

Felipe Neri

Después de abandonar el *Collegium Germanicum* ingresó en la comunidad, fundada recientemente, de sacerdotes que se unieron voluntariamente, sin votos y con independencia económica y que, bajo la dirección de Felipe Neri, adoptaron el nombre de Congregación del Oratorio. El 8 de junio de 1578 ingresó como capellán y allí residió hasta el 7 de mayo de 1585. Así, Victoria, vivió algunos años en diaria convivencia con un personaje tan notable como Felipe Neri; este residió en San Girolamo hasta 1583.

Allí pudo conocer Victoria a Francisco Soto de Langa, sacerdote español, niño prodigio en el coro de la catedral de Burgo de Osma y que, en 1566, ingresó en el Oratorio de Felipe Neri como cantor de *laudi spirituali* compuestas por él mismo o por otros, entre los que destaca el nombre de Giovanni Animuccia (aproximadamente 1500-1571).

La regla del Oratorio[50] dice: «*Musica concentu excitantur ad coelestia contemplanda*» [excítense a la contemplación de las cosas celestiales mediante la música]. Animuccia, en 1553, fue nombrado maestro de capilla en el Vaticano, por Julio III; en su *Missarum* Libro I (Roma, 1567) nos dice: «[...] entre las músicas que hoy día se suelen cantar en los divinos misterios, las hay algunas compuestas con singular artificio, que deleitan sobremanera a los oyentes con su suavidad. Pero algunos, con razón, desean que las palabras destinadas a excitar la piedad se oigan y se entiendan distintamente, porque tal como se las emplea en las indicadas condiciones, no parece que las adorne el canto, sino que quedan como ahogadas y cubiertas por los revueltos giros de las voces. Por lo cual, impulsado por el juicio de estos, he tratado de ataviar las plegarias y alabanzas a Dios con un canto que no impida entender las palabras, sin que por esto deje de recrear los oídos con los recursos del arte. Que yo, seguramente, no he conseguido el intento, lo podrán declarar aquellos que por un lado son capaces de formar juicio y conocer las dificultades de la música, y por otro conocen la poquedad de mis fuerzas». Asimismo, en el Segundo Libro de *Laudi* (Roma, 1570) dice: «[...] enredándome lo menos que he podido en fugas y otras invenciones, para no oscurecer el sentido de las palabras; a fin de que estas, por su propia eficacia, realzadas por la armonía, pudiesen penetrar más dulcemente en el corazón de los oyentes».

Una serie de cinco importantes antologías de *laudi spirituali* fue publicada entre 1583 y 1598, algunas de ellas escritas por Soto de Langa y las más por Giovanni Animuccia, todas ellas de escritura sencilla y tendiendo a eludir, tal como antes hemos citado, las complicaciones de fugas y otras invenciones.

La relación del florentino Animuccia con el Oratorio de Felipe Neri es uno de los más interesantes capítulos en el desarrollo de la música sacra en Roma durante el período posterior al Concilio de Trento. En 1558 Felipe Neri, al costado de S. Girolamo, estableció una habitación para rezar –un oratorio– y de aquel tiempo data la costumbre de añadir, a los sermones y rezos, el canto de *laudi spirituali*. Animuccia entró como *maestro di cappella* en S. Girolamo, en 1570, un año antes de su muerte, aunque hacía ya veinte años que estaba en relación con Felipe Neri. Por su interés, reproducimos la *lauda Ben venga amore* (Roma, 1563), con texto de Girolamo Savonarola, basado en *Ben venga Maggio* de A. Poliziano, *vuelto a lo divino*, tal como lo reproduce Arnold Schering en su *Geschichte der Musik in Beispielen*, N.° 120 (Wiesbaden, 1931) y procedente de *Il primo libro delle laudi...* (Roma, 1563) (en pág. siguiente).

Felipe Neri era admirador de Savonarola –estrangulado y luego quemado públicamente en Florencia por orden de la Iglesia católica– y, a pesar –o quizá por este motivo– del triste fin de este y de sus continuas dificultades con Roma, no dejó de advertir la calidad intrínseca del fraile florentino y la razón que le acompañaba: esto define al personaje, en verdad fascinante, de Felipe Neri y hace que nos interesemos por este hombre que, debido a las circunstancias, convivió durante cinco años con Victoria.

Felipe Neri fue un hombre que, en vida, ya fue considerado santo y del que nos han llegado testimonios de hechos, algunos de los cuales son verdaderamente extraños. Su dis-

Giovanni Animuccia (c. 1500-1571)

(Girol. Savonarola, nach Polirians „Ben venga Maggio")

cípulo Gallonio dice de él, refiriéndose a sus levitaciones durante el rezo de la misa o en otras ocasiones: «[...] él [Felipe] explicó que le parecía como si hubiera sido asido por alguno y, de manera muy extraña, levantado del suelo por la fuerza».[51] Dejamos aparte otras raras manifestaciones, como son el intenso calor que lo abrasaba, la luz que irradiaba su rostro, etc., para incidir en un aspecto, quizá menos espectacular pero más humano: su sentido del humor y su amor a la música. Pensamos que es interesante citar algunos fragmentos de un escrito de Goethe incluido en su *Viaje a Italia* (escrito en 1810-1829):[52] «Felipe Neri, nacido en Florencia en

113

1515, muéstrasenos desde su niñez como un chico obediente, moral, dotado de poderosas cualidades [...], enviáronle
a Roma [...], distinguíase por su bello rostro y sus copiosos
rizos; es, al mismo tiempo, atrayente y adusto, y doquiera le
acompañan gracia y dignidad. Allí, en aquel triste tiempo,
pocos años después del cruel saco de la ciudad, entregose
por completo a los ejercicios devotos [y a la] fervorosa plega-
ria. En uno de estos momentos de entusiasmo, arrojose una
vez sobre las gradas del altar y se rompe un par de costillas
que, mal curadas luego, ocasiónanle ya toda su vida palpita-
ciones al corazón... Pero, debiendo orientarse toda reglada
actividad hacia la vida, y en la vida no se puede pensar sin
alegría, también en este capítulo acertó nuestro hombre a
satisfacer las inocentes necesidades y deseos de los suyos [de
sus seguidores, que ya en aquel entonces habían formado
una sociedad]. A principios de la primavera condújoles a San
Onofre que, por ocupar una posición alta y espaciosa, brin-
daba entonces el más grato paraje. Allí, donde por efecto de
la juventud del año, todo debía parecer joven, destacose, tras
muda oración, un lindo chico, recitó una arenga aprendida
de memoria, siguieron a ella plegarias y, al final, un coro de
cantores, especialmente invitados, dejó oír sus gratas y con-
movedoras voces, cosa tanto más principal cuanto que por
aquel entonces no estaba extendida ni educada la música y
puede que fuera aquella la primera vez que se explayaba al
aire libre un canto religioso ... Pero el sacerdocio [Felipe es
ordenado sacerdote a los treinta y seis años] ejerce sobre su
interior un notable, creciente influjo. La obligación de decir
misa súmele en un entusiasmo, en un arrobo, en que se nos
pierde por completo aquel hombre antes tan natural. Al al-
zar no ve el momento de bajar los brazos; diríase que le tira
de ellos hacia arriba una fuerza invisible y cuando, consu-
mada la consagración, llégale el momento de gozar de esos

misteriosos dones, pórtase de un modo orgiástico extraño, inexplicable. A impulsos de la pasión, mordisca el cáliz, en tanto cree ingerir anhelosamente la sangre del cuerpo que, con la misma avidez, acaba de engullirse».

Este hombre, que tiene un gran amor a la música o, por lo menos, que conoce el poder que esta tiene para conmover y –hay que decirlo– para crear en el ánimo de los fieles una mayor o menor exaltación emocional, tiene entre sus penitentes a Giovanni Animuccia y al príncipe de los polifonistas italianos, Palestrina; este morirá en sus brazos en 1594, y aunque sabemos del interés que Felipe Neri tiene por la música –la palabra *oratorio* vendrá a nombrar esta forma musical, ya que Neri y sus sucesores impulsarán las representaciones o conciertos sacros sobre textos religiosos de los que se derivará esta forma–, no sabemos qué clase de relación pudo existir entre Victoria y el atrayente y adusto Felipe Neri; en todo caso, es impensable que, dada la afición musical de este y su convivencia durante cinco años con un compositor ya célebre como era Victoria, no hubiese una relación algo más estrecha que la de la simple cortesía. Por otra parte, la música que escribía Victoria era, con toda probabilidad, demasiado difícil para ser usada en las reuniones del Oratorio y no consta que este escribiera cantos al estilo de Animuccia u otros músicos relacionados con Felipe Neri.

Consagración

Durante su residencia en San Girolamo, Victoria publicó seis volúmenes: dos en 1581 y otros dos en 1583 (el primero de los cuales es una reedición de los motetes de 1572, con alguna nueva adición). Finalmente, en 1855, publica una nueva reedición de sus motetes, en una edición que Pedrell califica de verdadera maravilla tipográfica y que entre las nuevas obras incluye dos motetes del sevillano Francisco Guerrero y otro de Francisco Soriano, y –asimismo en este año– el *Oficio de Semana Santa*, dedicado a la Santísima Trinidad y sin prólogo de autor.

La belleza y el lujo de estas ediciones, realmente notabilísimas, son tantas que, en su momento, apunta Stevenson, llegaron a excitar la envidia del mismo Palestrina; las posibilidades económicas para realizar estas ediciones pudieron venirle a Victoria de varios beneficios procedentes de iglesias españolas que le habían sido conferidas por el papa Gregorio XIII (diócesis de Zamora, Plasencia, Béjar, León y Osma). El total de sus beneficios, por los alrededores de 1579 eran de unos 307 ducados anuales, beneficios que, en las dos décadas siguientes aumentaron sensiblemente; Stevenson indica que ningún compositor español del siglo XVI llegó a obtener una posición semejante y que ello le permitió, sin problemas de trabajo, dedicarse a su labor musical y espiritual en San Girolamo, así como a la edición de sus obras.

El primero de los volúmenes editados en 1581 por *Thomae Ludovici a Victoria Abulensis* son los *Cantica B. Virginis per annum* y está dedicado al cardenal Bonelli; en el prólogo, parece intuirse la influencia de Felipe Neri en su opinión de cómo debe usarse la música: «[...] pues no hay nada más útil que esta [la música], que penetrando muy suavemente en los ánimos por medio de los oídos, parece aprovechar no solo a las almas, sino también a los cuerpos: y, ¿qué es más honesto que esta, que tiene como función alabar al Dios inmortal, o más antigua que antes de que los hombres existiesen en aquellas felices almas ya había comenzado a existir? Pero, como ocurre en casi todas las cosas, a saber que, nacidas de un buen principio, se tuercen la mayoría de las veces a través de su mal uso, eso mismo acontece también en la manera de usar rectamente del sonido de los instrumentos y de las voces. Sin duda, algunos hombres malvados y llenos de costumbres depravadas usan de la música más en su calidad de incentivo, por lo cual se engolfan hasta el fondo en la Tierra y en los carnales apetitos, que de medio para elevarse más fácilmente a Dios y a la contemplación de las cosas divinas [...], pero yo me aplico a que se consagre a Dios [la música] ya que Él es la causa y la sola causa por la que en un principio se inventó la modulación de las voces».

Pedrell, en el Tomo VIII de la edición de las obras completas de Victoria (Leipzig, 1913), afirma que «no es inverosímil que Antonio Bonelli (célebre sobrino de Pío V con el nombre de cardenal Alejandrino) fuera uno de los primeros alumnos del *Collegium*» y cita al efecto una carta de San Francisco de Borja escrita al P. Maggi. «Hay en esta dedicatoria –prosigue Pedrell– todo un principio de estética de arte cristiano aplicado a la música, toda una tendencia de escuela de arte religioso que Morales, el gran Morales, expresa en estos términos: "Dar al alma nobleza y austeridad"».

Visto con la perspectiva de los años, este y otros prólogos parecidos nos dan la impresión de algo formulario y puramente circunstancial de la misma forma que los elogios tributados al cardenal Otto, una vez muerto este, Victoria los reproduce, prácticamente con el mismo texto, dirigidos a otros personajes; da la impresión de que el compositor escribe estas líneas como algo que debe hacer y que las circunstancias le aconsejan, pero sin que por ello pretenda expresar una doctrina estética o unas razones ideológicas concretas que le muevan a escribir un tipo de música y no otro. Por otra parte, es notable que, tres años más tarde, en 1584, Palestrina publique un grupo de 29 motetes sobre textos del *Cantar de los Cantares* y en su prólogo escriba lo siguiente: «Existe un gran número de canciones de amor escritas por poetas con un espíritu totalmente extraño a la vocación y al nombre de cristiano. Son poemas de hombres dominados por sus pasiones y por el arte y la industria de un gran número de músicos corrompen a la juventud y, así como son alabados por sus talentos, así también ofenden a las personas honestas y nobles por la depravación de sus trabajos. Enrojezco y me aflijo en pensar que he sido uno de ellos; pero como no puedo cambiar ni deshacer lo que ya está hecho, he procurado enmendarme. He consagrado, pues, mis esfuerzos en escribir cánticos para alabar a Nuestro Señor Jesucristo y a su Madre, la muy Santa Virgen María y, por ello, he compuesto una obra que canta el divino amor de Cristo por el alma, su esposa, el Cántico de Salomón».

Suponemos que esta dedicatoria tranquilizó los escrúpulos de Gregorio XIII, pero no por ello podemos dejar de considerarla una obra maestra de hipocresía: Palestrina, astuto comerciante, conocía asimismo a la perfección el texto del Cántico de Salomón y no podía ignorar el agudo nivel erótico del mismo, por mucho que la Iglesia, incómoda por la inspiración del texto divino, intentara presentarlo como un diálogo entre Cristo y el alma o la Iglesia.

Por otra parte, Palestrina sabía bien que sus motetes seculares —muchos de ellos con textos de Petrarca— eran harto inocentes, con lo que el nivel puramente académico de su dedicatoria era pues evidente: ambos compositores se presentan ante sus protectores y mecenas como un dechado de virtudes —que pudieron existir o no—, pero, por lo que sabemos y por lo que se puede deducir de estos escritos de alta urbanidad y dado que, por lo menos en el caso de Victoria, no existen otras fuentes de información, su verdadera vida privada, sus ideas estéticas, si es que las tuvo, se nos escapan y solo nos restan, como un posible dato que usar con mucho recelo, estas historiadas dedicatorias que, al ser leídas, nos dejan un sabor desagradable.

Queda por considerar, asimismo, el curioso hecho, muy importante, de que la musicología española, por lo menos hasta tiempos muy recientes, ha estado casi siempre en manos de sacerdotes –de un talante muy poco liberal, por cierto– que se han esforzado en dar una imagen de los hechos harto seráfica y totalmente imaginaria; léase a este respecto el texto que antecede a la edición de los *Oficios de Semana Santa*, estudio y edición crítica por el P. Samuel Rubio, musicalmente excelente, pero a un nivel de relato hagiográfico más que chocante (Cuenca, 1977). No todos los músicos de iglesia fueron santos, ni todos los Cabezón, Alfonso el Sabio, Morales, Guerrero, etc. eran figuras angélicas, arrebatadas por el amor divino. Bastaría leer el texto de muchas de las obras glosadas por Cabezón para comenzar a dudar de ello y quizá esto, precisamente, les daría una dimensión humana y natural que no poseen en estos retratos, tan interesados cuanto imaginarios.

En el caso particular de Victoria, es notable que sea cuatro el número de sus misas inspiradas en textos del Cántico de Salomón (escritas sobre motetes, de los que se deriva el nombre de la misa). Solo Morales y Guerrero escribieron, cada uno, una sola misa basada en un motete con texto del Cantar de los Cantares. Stevenson dice sobre ello: «En razón de la gran atención prestada a los textos del Cántico, Victoria ocupa un lugar aparte entre los compositores españoles, y el interés que muestra por estos textos la hermana con Fray Luis de León (1527-1591), el más célebre de entre los compositores españoles de su época; Fray Luis fue hecho prisionero, en especial, por haber osado traducir al castellano el más sensual y atrevido de los libros del Antiguo Testamento, y en prisión estuvo retenido hasta 1576. El deseo, exaltado y ardiente, el éxtasis de este libro único, envuelve los motetes de Victoria y, por consiguiente, la misa escrita sobre cada uno de ellos».

Del retrato que hasta ahora se ha esforzado en darnos la musicología oficial de Victoria, un santo varón angélico y abstracto, creemos que bien poco puede aceptarse, a menos que nos fiemos de intuiciones muy interesadas; ciertamente, de las dedicatorias de sus obras quizá pueda sacarse alguna cosa, así como también del hecho de que haya estado residiendo algunos años en la misma casa que Felipe Neri quizá se puede deducir que fue un hombre por lo menos discreto y quizá inclinado también a las cosas espirituales. En contra de esta deducción habla el hecho de su curioso afán por publicar sus obras en las ediciones más lujosas de su tiempo, cosa que no se aviene demasiado con su supuesta humildad y gran virtud, pero esto es solo un dato que deberíamos considerar dentro de un contexto más general y que, por la información que hoy día tenemos, se nos escapa por completo.

Lo cierto es que, en 1581, se publica en Roma *Ex Typograpbia Dominici Basae* sus *Hymni totius anni*, dedicados a Gregorio XIII y en la dedicatoria Victoria dice al pontífice: «[...] desde hace ya muchos años me aplico, llevado por cierto natural instinto, a la música sacra y, juzgando ser divino este regalo y beneficio, puse todo mi esfuerzo en no ser ingrato al sumo hacedor [...] para no enterrar el talento que me ha sido concedido en crédito».

En todo caso, parece que Victoria era consciente, e ingenuamente lo confiesa, de su natural instinto y que trabajó con esfuerzo para no enterrar su talento; si sus dedicatorias podrían, a nuestros ojos, pecar de insinceras, creemos que su música, sea por razones religiosas de natural instinto o por una resignada conveniencia, es una música ciertamente honesta y, no hay duda, de una calidad excepcional. Ya no estamos en la época en que se le calificaba de imitador de Palestrina y de discípulo –en el peor sentido de la palabra– de este. Ni tampoco hay que acudir a la sugestión de que la sangre mora influía en su música; ciertas características de la música española de la época –intervalos aumentados, cuartas disminuidas– podían sugerirlo, pero lo cierto es que la calidad de su obra es independiente del supuesto aprendizaje con Palestrina, de su supuesta sangre mora y de la determinada influencia que ciertos elementos españoles pudieran ejercer sobre él.

Victoria es ya un hombre célebre en Italia e incluso en Europa, pero ahora, en 1583, se siente impulsado a volver a su país natal, quizá porque, entre otras cosas, no acaba de encontrarse en su sitio en el Oratorio de Felipe Neri; sabemos que Francisco Soto de Langa se integró definitivamente en este, pero asimismo sabemos que Felipe Neri deseaba que Victoria «compusiera música para las actividades diarias del Oratorio» y que este no lo hizo y, tal como nos lo comunica Paolo Aringhi, primer historiador del Oratorio, «él regresó a su país natal con la intención de poner sus asuntos en orden y ya no volvió [a Roma]».

Aún residía en Roma, en 1583, cuando se publicó su *Missarum Libri Duo*, dedicado al católico rey de España Felipe II; en su dedicatoria, Victoria repite de nuevo las mismas ideas antes expresadas e insiste en que si escribe música es porque «la naturaleza le impulsaba con cierto tácito instinto e impulso» y asimismo repite la idea de que a la música «solo le conviene celebrar las sagradas alabanzas del Dios inmortal del cual brotó el número y la medida». Esta alusión platónica y medieval («La música es la ciencia del número», dirá Casiodoro) parece ser únicamente una frase hecha, ya que cualquier especulación posterior sobre el aspecto matemático de esta no se halla en ningún otro texto de Victoria y su escritura, en general, tiende a alejarse de las lucubraciones numéricas y estructurales a las que tantos compositores anteriores y posteriores a él eran y son tan aficionados.

En la misma dedicatoria, Victoria alude a que «como anteriormente hubiese compuesto y me hubiese preocupado en producir muchas cosas [...], ya cansado, quisiera poner fin a mi labor de escritura y descansar por un tiempo en un ocio honesto, habiendo cumplido con mis trabajos, y llevar mi alma a la divina contemplación, como conviene a un sacerdote [...], pero habiendo de acudir a tu presencia regia por causa del deber, no debía venir sin nada, sino llevar algún obsequio gratísimo a tu Majestad. Pero ningún argumento mejor puede ser propuesto a un músico [...] que el sacrosanto misterio y sacrificio de la misa. En ello me agradó acabar mis trabajos».

Las Descalzas Reales

El rey, en respuesta a su demanda, lo nombró capellán de su hermana, la emperatriz viuda María, hija de Carlos V, esposa de Maximiliano II y madre de otros dos emperadores, que desde 1581 vivía retirada, en compañía de su hija, la princesa Margarita, en el Monasterio de las Descalzas Reales en Madrid.

Este convento se fundó en 1564 por Juana de la Cruz, hermana de Francisco de Borja y dotado por la hija de Carlos V, la princesa Juana, casada con Juan III de Portugal. En él se albergaban 33 monjas de clausura estricta y que, diariamente, oían la misa en una pequeña y exquisita capilla, en la que los sacerdotes no solo eran excelentes cantores de canto llano, sino también diestros polifonistas (Stevenson).

Victoria sirvió a la emperatriz viuda desde 1587 hasta la muerte de esta, en 1603, con un salario anual de 120 ducados y continuó allí, como maestro de coro, hasta 1604. Desde este año hasta su muerte en 1611, aceptó el cargo de organista, el cual parece que desempeñó con admirable eficiencia aunque, como ya hemos dicho antes, no dejó ninguna obra escrita para este instrumento. Victoria, como capellán del monasterio, siguió beneficiándose, como los demás capellanes, de una serie de prerrogativas, entre ellas un doméstico a su servicio, las comidas servidas en habitaciones particulares adyacentes al convento, un mes de vacaciones anuales, etc.

A su llegada, el coro de las Descalzas Reales constaba de doce sacerdotes (tres por cada cuerda) y cuatro niños; usábanse instrumentos, que se contrataban del exterior, por Pascua y por Corpus Christi y su octava. En 1601, un real decreto les proveía de un fagotista, que debía tocar en todos los servicios religiosos y, en la misma época, el número de niños se aumentó hasta seis; se les exigía practicar diariamente y aprender canto llano, polifonía y contrapunto del maestro de capilla.

En 1587 Victoria declinó las invitaciones de las catedrales de Sevilla y de Zaragoza para ser maestro de capilla; sin duda las ventajas de residir en las Descalzas Reales eran muy superiores a estos cargos y, muy probablemente, ninguna catedral le habría concedido un permiso como el que consiguió, en 1592, para regresar a Roma y supervisar la impresión de sus *Missae IV, V, VI et VIII Voc./Liber secundus* (Roma, Apud Franciscum Coattinum), dedicados al hijo de la emperatriz, el cardenal Alberto (arzobispo de Toledo, 1584); entre las obras incluidas en este volumen destacan las espléndidas misas *O magnum mysterium*, a cuatro voces, *Vidi spetiosam*, a 6, la misa *Salve*, a 8, y la primera misa de difuntos, a cuatro voces.

El 2 de febrero de 1594, Victoria asistía a los funerales de Palestrina y regresaba, ahora por última vez, a Madrid en 1595.

En 1600 aparece en Madrid, *Apud Ioannem Flandrum*, su *Missae, Magnificat... a Octonis, alia Nonis, alia Duodenis vocibus concinuntur*; a la misma edición pertenecen dos libros en folio ordinario español, uno de ellos es el índice y en el otro se lee: *Haec omnia sunt in hoc libro ad pulsandum in organis.*[53] La edición está dedicada al monarca Felipe III, al que se compara con Alejandro en su afición tanto «en componer versos y pulsar la lira como en el deseo de hacer la guerra».

En la edición aparecen obras tan notables como la misa *Ave regina* y la misa *Pro Victoria* –a nueve voces–, única obra de nuestro autor que parece tener relación con algún tema estrictamente profano, pero de la que no se sabe la exacta intención.[54] Es una de las tantas obras que incluye un acompañamiento de órgano, así como ocurre en los espléndidos *Magníficat* del sexto tono, para tres coros (a doce voces) y el del primer tono, a ocho voces.

El 19 de agosto de 1604, Victoria aparece como testigo en la firma de un contrato para construir un nuevo órgano en las Descalzas Reales, siendo su constructor el célebre organero flamenco Hans Brevas; el ayudante y sustituto de Victoria en el teclado del órgano era Bernardo Pérez de Medrana, al que a causa de su gran cuidado y puntualidad y también por ser muy competente y eficiente, recomendó Victoria al rey en 1611 como sucesor suyo en el cargo de organista. Felipe III confirmó a este en el cargo el 2 de julio de 1611.

El sábado 27 de agosto del mismo año murió Victoria y fue enterrado en las Descalzas Reales, habiendo redactado su testamento, tal como especifica el libro de difuntos de la parroquia de San Ginés de Madrid «ante Juan de Trujillo escribano, testamentarios el Licenciado Mirueña que bibe en las dichas en la calle del Arenal y don Juan de Trimiño que bibe en las dichas casas...» (libro segundo, fol. 93 v. y 94).

Uno de los hermanos de Victoria,[55] Agustín, nacido aproximadamente en 1546, estudiante en Salamanca, llegó a ser sacerdote y capellán, al igual que Tomás Luis, de la emperatriz viuda María y, por lo menos hasta 1603, convivió con su hermano en las Descalzas Reales; a él se atribuye la posibilidad de que Victoria hubiese conocido a Teresa de Jesús, aunque la prueba es harto dudosa. En su *Libro de las Fundaciones*, Cap. 29, «Trátase de la fundación de San José [...] que fue el año de 1589 [...] –dice Teresa–, [...] luego de mañana, casi en amaneciendo, dijo misa un clérigo que iba con nosotras [...] y otro amigo de las monjas de Valladolid llamado Agustín de Vitoria, que me había prestado dinero para acomodar la casa y regalado harto por el camino [...]».

Réstanos hablar del canto del cisne, que así califica Victoria a su *Requiem*, dedicado a la emperatriz María, muerta en Madrid en 1603.

En Madrid (1605), *Ex Tipographia Regia. Apud Ioannem Flandrum se publica el Officium Defunctorum, sex vocibus. In obitu Et Obsequiis Sacrae Imperatricis* ..., escrito para conmemorar el óbito de la emperatriz María, muerta dos años antes, a la edad de 74 años; en la dedicatoria a la princesa Margarita, profesa en religión bajo el nombre de sor Margarita de la Cruz (muerta en 1633), Victoria dice que compuso este oficio de difuntos especialmente para los funerales de su madre la emperatriz. Con él escribía una ofrenda a su protectora que, a buen seguro, es una de las más extraordinarias obras maestras de la polifonía del siglo XVI-XVII y, sin duda, la obra maestra de la música española; creyese o no Victoria que esta obra sería su canto del cisne, lo cierto es que, hasta su muerte en 1611, ya no compuso –que se sepa– ninguna obra más. Podríamos interrogarnos sobre si su genio creador, que no podía desconocer la calidad de lo que acababa de escribir, detuvo ya para siempre su pluma o si el compositor sintió la necesidad, después de este Oficio de Difuntos, de encerrarse en aquella tranquilidad y serenidad que parece ir buscando desde su marcha de Roma. Lo cierto es que, con esta obra, se cierra su carrera humana como compositor y comienza la carrera de su inmortalidad como artista.

El *Officium* consta de la *Missa* propiamente dicha, un motete, un responsorio y una *Lectio*; son notabilísimos el motete *Versa est in iuctum*, sobre un texto de Job (30: 31 y 7: 16) y la *Lectio*, asimismo de Job (10: 1-7): «Tornose en llanto el tañido de mi cítara y el canto de la flauta [...] pues Tú sabes que soy inocente y que nadie de tus manos puede escapar». Especialmente en la *Lectio*, el texto es declamado nota contra nota: el movimiento contrapuntístico de las voces ha desaparecido para que la música venga a ser solo un soporte para que el texto llegue, con toda su desesperación, al oyente. Quizá para aumentar la voluntaria aridez de la música la *Lectio* reduce las voces a cuatro en uno de los pocos momentos en que Victoria deja de escribir a seis voces (solo en el *Tremens factus sum ego* del *Responsorium* escribirá a tres voces): la última obra de uno de los más grandes contrapuntistas que han existido concluye con una larga sucesión de acordes en los que las voces casi no se mueven y se limitan, casi, a decir el texto litúrgico.

VI
Victoria, *semper noster*

Cuando Victoria muere en 1611 en Madrid, la ópera ha iniciado ya su fulgurante carrera. Victoria parece que solo piensa en cantar las glorias del Señor y de sus santos, pero, a su costado, la labor demoledora de los renacentistas proseguía incansable y los músicos, quizá sin saber exactamente qué era lo que ocurría y sin poder imaginar qué podía significar el retorno al espíritu griego instaurado en los escenarios italianos por las manos de Jacobo Peri, Cavalieri o Monteverdi, intentaban, algunos con notable éxito, conseguir un determinado equilibrio entre la música para la Ciudad Celestial y la música para la Ciudad Terrena. Monteverdi llegaba a la suprema perfección y, entre el *Orfeo* de 1607 y las *Vísperas de Santa Marta* de 1610 establecía una dialéctica de emociones harto distintas, pero de una intensidad similar. El lamento de Arianna venía compensado por el lamento de María ante el cadáver de su hijo y, en 1639, el que Monteverdi ostente las sagradas órdenes no será obstáculo para que estrene en Venecia un *Adone* y cierre su carrera como supremo autor de dramas musicales con una obra que canta las glorias de la Roma imperial, el adulterio de Nerón y la muerte de la misma virtud en las personas de Octavia y Séneca. Entretanto, Gesualdo, príncipe de Venosa (1560-1613) desarrollaba, a través de sus seis libros de madrigales (1594-1611), el delirio de una pasión cromática y agudamente erótica; pero en sus Responsaría de 1611 el lamento por la pasión divina viene expresado por la misma técnica y el mismo lenguaje. Victoria parece ajeno al drama, musical e ideológico, que se desarrolla a su alrededor. Solo parece sentir la emoción oficial de la iglesia o, en su día, el lamento por la muerte de su protectora la emperatriz, lamento que, en sus manos, se abstrae del hecho concreto, para convertirse en el llanto resignado de un músico ante la inevitable y omnipresente muerte.

De Victoria puede decirse que, habiendo vivido años enteros en Italia, foco de las artes y de todas las nuevas corrientes, nada de ellas sabe integrar en su obra; abstracto y solo fascinado por sus propias emociones, indiferente a cualquier problema musical, aunque sin desconocer en absoluto la técnica –y la técnica más refinada– de la escritura, derivada de las sutilezas de los flamencos y basada, a lo lejos, en las complejidades del *ars nova* y aun del *ars antiqua*, se limita a ser el portavoz musical del rezo eclesiástico y de la liturgia cristiana; se ha insinuado que en su obra se advierte ya el drama lírico; pero, de ser así, el único drama que él concibe que se pueda describir es el del Gólgota y –caso que debería estudiarse y analizarse desde un ángulo freudiano– el del Cantar de los Cantares. Victoria es una de las últimas figuras que el arte cristiano ha dado a Occidente: con razonable seguridad sabemos que jamás escribió una obra profana y que jamás usó de un texto profano para sus misas de parodia; únicamente parodió sus propios motetes, nunca tuvo necesidad de acudir a una fuente profana, tal como Palestrina o Gesualdo hicieron en su momento.

No solo esto; ya sabemos qué concepto le merecían aquellos que, en sus obras artísticas tocan o aluden a temas no sagrados ni dedicados a cantar las alabanzas del creador, único que, según él, puede recibirlas. Es probable que, en toda la historia de la música no se haya dado ni se vuelva a dar un caso semejante: nada sabemos de los dos organistas de Notre Dame, Leoninus y Perotinus y parece que de ellos solo nos resta música para la liturgia: al primero se le atribuye esa obra maestra de inventiva melódica que es el Magnus Líber de los códices de Wolfenbüttel y Florencia; al segundo, determinados monumentos verdaderamente inmensos en su gótica fuerza, a tres y cuatro voces, y también algún *conductus*; de haber escrito solo esto, su caso podría ser semejante al de Victoria, pero en verdad cada día sabemos menos de estos músicos y solo nos ha llegado la noticia de las obras religiosas contenidas en los libros de coro de Notre Dame, tal como nos lo notifica el Anónimo IV. Otros compositores han dedicado casi toda su producción a la iglesia, Bach fue el más grande de entre todos ellos, pero su inmenso genio también supo humanizarse en sus cantatas profanas y en su música de cámara, instrumental, didáctica, etc. Nunca, a pesar de que también cree que la función principal de la música es alabar a Dios, llega al extremo de opinar que, de no escribir música religiosa –o para la iglesia– cualquier otra cosa que haga el compositor es algo vergonzoso; únicamente Victoria es capaz de cerrarse dentro de sí mismo y dedicar el esfuerzo de toda su vida a escribir unas músicas de las que él sabe muy bien la importancia y la calidad, pero que están limitadas, en principio, a ser usadas solamente en las funciones litúrgicas; su música es solo una vestidura, un adorno, del texto sagrado y con ello continúa con la misma ideología con que, muy probablemente, se inició la polifonía en Europa: el magnificar, el hacer aún más hermoso el canto llano; el hacer aún más patente, más claro, el mensaje que los textos sagrados –que las divinas palabras– llevan ínsito en su interior. Así, toda técnica y todo arte no son sino funciones de una realidad mucho más importante y que, en sí, está muy alejada –es totalmente heterogénea– al arte: la iglesia y su dogma y la predicación o la imposición de este y uno de los medios para imponerlo a los deslumbrados y asombrados súbditos es la liturgia, el conjunto de actos, ceremonias, luces, perfumes, cantos, músicas, sermones, acciones mágicas, etc., que se desarrollan en la iglesia –en aquel entonces casi el único lugar donde el pueblo podía ser reunido, manejado y controlado– y donde se puede influir para lograr el control deseado con todos los medios alienantes, convirtiéndose la música y el canto sagrado –a semejanza del canto de las jerarquías celestiales– en uno de los medios más importantes para conseguirlo.

Victoria es una de las últimas figuras que el arte cristiano ha dado a Occidente; otros compositores, más tarde, escribirán obras magníficas para la liturgia o se inspirarán para sus obras en los textos litúrgicos: desde Monteverdi a Stravinsky, Schoenberg, Webern o Hindemith, pasando por Bach, Mozart, Beethoven o Bruckner, las más grandes figuras del arte musical han usado textos litúrgicos para escribir algunas de las más importantes obras de la música occidental, o bien se han inspirado en determinados temas de los mitos cristianos. Así, obras como *El martirio de San Sebastián* o *Moisés y Aarón* solo hallan su completo significado dentro de una sociedad que ha sabido integrar en su cultura determinados mitos y determinadas actitudes: Victoria muy difícilmente habría comprendido la utilidad o la moralidad de componer una obra como *La escala de Jacob*, que desde el punto de vista litúrgico, no tiene ningún sentido práctico y que, por otra parte, se escapa del texto sagrado para bordar sobre él una compleja alegoría que parece trascender la anécdota contada en el Génesis para, a través de ella, explicarnos una ideología o unas intenciones; esto le habría sido totalmente extraño, ya que, para él, el texto litúrgico es importante en sí, y nada puede sugerirnos más allá de su invariable e intocable literalidad.

Esto afecta profundamente la forma de sus obras: el texto es el único elemento formal y, por lo tanto, la forma, como tal, no existe; desde el punto de vista musical, estamos ante el mismo fenómeno con que debe encararse Arnold Schoenberg en su momento atonal: la tonalidad tenía sus leyes y sus estructuras y, como más adelante se demostraría –y ahora, con la perspectiva histórica podemos ver claramente–, la estructura serial, precisamente por ser estructura, puede soportar perfectamente las formas y los esquemas de la anterior tonalidad. Sin embargo, en el momento atonal, al desaparecer la tonalidad, al flotar las voces libremente y sin ligaduras ni atracciones tonales, la forma desaparece con ellas y solo el texto puede servir de estructura global y de aglutinante para conformar una obra: *Erwartung, La mano feliz, Pierrot lunaire...* todos ellos encuentran en el texto su forma y la posibilidad de existir. Berg se encontrará con el mismo problema y no solo será el texto el que vertebrará sus obras, sino que, por razones emocionales o de concepto, intentará –con éxito asombroso– integrar el mundo tonal dentro de la atonalidad y aun dentro del universo serial y las formas tonales llegarán a ser estructuras válidas para sus obras.

En Schoenberg, el paso a la atonalidad presupone dejar de lado las antiguas formas. En Victoria, en cuyo momento histórico la modalidad está dejando de tener sentido y ya comienzan a escribirse obras en las que, de manera aún instintiva la tonalidad incipiente es ya muy clara, el texto es la única posibilidad que se le ofrece para organizar y dar forma a sus obras. No sabemos si llegó a escribir alguna obra para órgano, pero es muy probable que no llegara a hacerlo, ya que, por las características tan particulares de su música, probablemente hubiese encontrado grandes dificultades para conseguirlo. Y, en caso de haber sabido vertebrar sus obras a través de la forma tiento o glosa, posiblemente se habría encontrado indefenso ante la abstracción que estas formas, aplicadas al órgano, llevan consigo; esta especialización de la emoción, que halla un cauce determinado y ya no sabe salir de él, parece que es típica de determinados músicos renacentistas y solo con la llegada del Barroco aparecerá el compositor capaz de escribir para tecla, voces o instrumentos indistintamente. Cabezón solo escribe para tecla; los vihuelistas, solo para este instrumento y algunas veces acompañando la voz; Monteverdi jamás escribirá para un instrumento de tecla; Palestrina, solo para las voces, aunque se le atribuyan unos *ricercare* instrumentales. Parece que su emoción o sus creencias están tan delimitadas y concretadas en un único campo que ya no les es posible extenderse más allá del espacio que se han impuesto. Botticelli pintará el nacimiento de Venus y la virgen dolorosa; Miguel Ángel esculpirá la tumba de los Medici y las piedades de Roma, Florencia y Milán: sabrán compartir los sentimientos y las emociones frente a las dos Ciudades, pero los músicos, quizá arrastrados por las circunstancias de su situación social o por los cargos que ocupen, se verán obligados a cerrarse dentro de sí mismos y dentro del mundo particular en el que voluntariamente se desenvuelven.

Esta autolimitación, en muchos casos, es símbolo de una conciencia muy clara de la situación en la que se desenvuelve el artista y de su instinto frente al porvenir: ni Cervantes, ni Shakespeare escriben ninguna tragedia, comedia o novela de tema religioso; el cristianismo está más o menos presente en la obra cervantina, pero es prácticamente inexistente en Shakespeare: ambos son hombres fascinados por las tensiones violentas del presente –y por las razones históricas y la dialéctica del pasado–, pero el fundamento histórico cristiano, como base en la que se asientan las diversas sociedades analizadas en sus obras y las diversas personalidades que en ellas se desenvuelven, les es totalmente ajeno e indiferente.

Calderón tratará de crear un teatro cristiano y solo conseguirá un retablo de símbolos y de arabescos decorativos, pero no una tensión dramática que sea viva y real.

Victoria tratará de escribir este teatro musical cristiano, esta estructura de sonidos –de voces moduladas musicalmente– limitándose a magnificar un texto litúrgico, pero nunca desde un punto de vista estrictamente musical y como pura ordenación de sonidos musicales. Es el texto, repetimos de nuevo, lo único importante, y solo él el que da razón de ser y justifica la obra que el artista escribe; de no haber texto, no habría motivo para hacer ninguna obra y, así, puede decirse que Victoria no es un compositor, sino un confesor, un artista que trabaja a sueldo para la liturgia y que solo para ella y solo en razón de su existencia está justificado su trabajo.

¿Cómo debemos, hoy en día, escuchar su obra? Las creencias y las circunstancias para las que fueron escritas sus misas, motetes, *magnificats*, oficios, etc., ya no existen: la misma Iglesia ha descuidado, en un verdadero suicidio artístico, todo aquello de categoría que existía en su liturgia y ahora ya no se cantan estas u otras obras parecidas en las funciones litúrgicas. ¿Dónde puede hallar cabida esta música? Porque es evidente su calidad intrínseca y es evidente la altura emocional y –aunque sea paradójico– la calidad estructural de su producción. A Victoria muy probablemente le aterraría ver interpretadas sus obras en las salas de concierto o en grabaciones discográficas, fuera del contexto sagrado y litúrgico para el que fueron compuestas. Pero es aquí donde, en la actualidad, hallan su verdadero lugar; no son obras de museo ni hay que considerarlas únicamente desde un punto de vista estrictamente histórico, como un dato. Son obras aún vivas por la fuerza de su propia estructura y por su propia calidad y son el supremo ejemplo sonoro de algo que, en su momento, era real y auténtico y que, precisamente por ello, aún sigue siéndolo hoy en día.

El Siglo de Oro patentizaba en sí todos los indicios y todos los síntomas de la decadencia posterior: la civilización cristiana había llegado a su cenit y este era de una ambigüedad extrema; después de él solo era de esperar un giro completo, aunque muy lento y, pese a que este giro aún no ha concluido, es ya muy evidente que se trata de un proceso irreversible y que los datos que han sobrevivido, sean literarios, pictóricos, musicales, etc., son el auténtico legado que estos siglos nos han dejado como herencia y como resultante final; estos momentos estelares, sea en la Atenas de Pericles, en la Roma de Augusto, en la Viena de Freud y Schoenberg, en ciertos momentos del arte y de la poesía persa o china, estos momentos no solo son irrepetibles, sino que llevan ínsitos en su propio desarrollo los gérmenes de su destrucción y de la decadencia que seguirá inexorablemente a su apogeo: así, la historia de la música, y muy probablemente la historia de las demás artes, es una historia pendular, no de avances, como ingenuamente cree la llamada vanguardia, sino de saltos cuánticos, hacia atrás o hacia delante, siempre ondulantes y nunca rectilíneos. Es una historia de renuncias –y la de Victoria es quizá una de ellas– y una historia de resignaciones, por todo lo que pudo hacerse y por todo aquello que no se pudo hacer; es una historia de sometimientos y de frustraciones aunque, a la larga, el compositor tenga siempre razón: al seguir su necesidad interior, las músicas finales de Bartók, Schoenberg o Berg parecen incidir en el sometimiento al pasado, mientras que el final de Stravinsky es, también, un sometimiento a un pasado mucho más reciente. Victoria, como también en cierto aspecto Bach, parece desdeñar el futuro y halla sus raíces en el remoto pasado de las *ars antiqua* y *ars nova*; pero, como suprema paradoja, en ambos la sustancia musical es tan refinada, existe con tanta fuerza y tanta personalidad que trasciende cualquier razón u oportunismo local para conseguir una vida propia, una vida que, mientras exista y dure el arte de Occidente, será una vida inmortal.

Réstanos ahora saber extraer una lección de la postura de Victoria, ajeno a los signos de su momento, así como de la de tantos otros autores –Bach, Brahms, Strauss– que estaban cronológicamente desfasados del momento en que vivieron pero que, de su mismo desfase, supieron sintetizar lo mejor del pasado y las mayores posibilidades para el futuro. Este movimiento pendular irregular, parecido al vaivén de las olas del mar, es el que garantiza y da consistencia al avance, al desarrollo de la historia del arte. Sin él, sin esta pulsación irregular, no podría concebirse la infiltración, nunca rectilínea, de la fuerza creadora: el mundo musical en la época de Victoria afecta a este escasamente, como escasamente afectará a Bach o a Brahms el de sus épocas respectivas. Pero estas figuras, en cieno aspecto laterales, poseen la tensa estructura del puente tendido entre dos épocas o dos maneras de concebir el fenómeno artístico o ideológico y, como tales, soportan en su obra y en su particular y difícil manera de moverse en el ambiente musical o artístico, un peso y una resistencia tan potentes, tan grávidas de nuevos elementos a pesar de su aparente desdén o indiferencia hacia las personas y las obras del presente, que sin ellas y su situación de autores de transición la corriente de la historia del arte no podría avanzar en absoluto.

La lección de Victoria, como la de Webern o Schoenberg, es la del rigor con que trata su material musical y cómo lo mueve, ajeno a su momento y solo sintiéndose sensible a su impulso interior; Victoria, como nos ha dicho varias veces, no es un ser privilegiado en la vida y ha de restituir el talento que le ha sido dado y sabe bien que es bello –es bueno– aquello que brota de la necesidad armónica interior. Pero estas palabras, escritas en realidad por Kandinsky en 1910, se encuentran en diversas formas y enunciados en varios de los prólogos a las ediciones de las obras de Victoria: a través de los siglos dos artistas se dan la mano y expresan las mismas ideas y las mismas necesidades. Por ello, el arte es intemporal y carece de épocas. Solo tiene intenciones.

Análisis de una obra de Victoria

O vos omnes, motete para la Feria Sexta in Parasceve (y que nada tiene que ver con el responsorio del mismo título *quattuor vocibus paribus* incluido en el *Officium Hebdomadae Sanctae*) está incluido entre los *Motecta...* editados en Venecia en 1572. El hermosísimo texto procedente de los *Threni* de Jeremías (1, 12) inspiró a Victoria una de sus más bellas y emocionantes obras.

Francisco de Montanos, en su *Arte de música, theórica y práctica* (Valladolid, 1592), dice, hablando de la composición musical y de la conformidad que debe existir entre el texto y la música: «Para ser buena compostura ha de tener las partes siguientes: buena consonancia, buen ayre, diversidad de passos, imitación bien proporcionada, que cada voz cante bien, passos sabrosos y la parte más essencial hazer lo que la letra pide, alegre o triste, grave o ligera, lexos o cerca, humilde o levantada. De suerte que haga el effecto que la letra pretende, para levantar a consideración los ánimos de los oyentes».

Estas reflexiones parecen haber guiado a Victoria al escribir su motete. Este se halla construido, constituyendo una auténtica parodia, sobre el gradual *Ecce quam bonum* del Domingo XXII después de Pentecostés; recordemos la definición de parodia que da John Ward:[56] «Es una variación realizada libremente (y a menudo al azar) de un complejo temático autónomo». Es decir, este complejo existe, independiente de la parodia y –agrega Ward– un tema creado especialmente para ser variado carece de la independencia requerida para esta. Ward cita otras circunstancias que deben darse para que exista una verdadera parodia (y que, en el caso de Victoria solo se dan en sus misas de parodia de sus propios motetes): el que el tema no puede ser monofónico, ya que es esencial que las citas –a menudo literales– abracen el total de los acordes o intervalos; el tema, asimismo, debe existir completo en todos sus detalles, aunque el compositor puede dejar de lado algunos de estos.

A la luz de estas ideas, no puede decirse que el *O vos omnes* sea una parodia del gradual –evidentemente monofónico– *Ecce quam bonum*; con todo, la idea estructural es la misma y quizá podríamos llamarla, más correctamente, paráfrasis (término que asimismo usa Ward en su artículo).

La idea básica de este tipo de construcción la hallamos en los inicios de la polifonía medieval: en el uso del tenor litúrgico y la consiguiente construcción polifónica –que puede llegar a ser muy compleja en determinados momentos en manos de Perotin o Guillaume de Machaut–, aunque el tenor en estos casos mantiene y sostiene el edificio polifónico, pero no da vida a las diversas voces que lo constituyen.

Con todo, la idea básica, repetimos, está en el uso de un tenor, que como ya podía suponerse en el caso de Victoria, procede del repertorio del canto llano, y de este se derivan las restantes voces del motete, siendo asimismo el tenor afectado por las variaciones –las paráfrasis– que el autor cree conveniente realizar en su línea melódica. Pero lo importante es que toda la obra está construida y derivada de una melodía preexistente que el autor maneja y manipula según sus conveniencias o, si se quiere, según su inspiración musical.

La línea melódica del citado gradual es la siguiente:

Ecce quan bónum

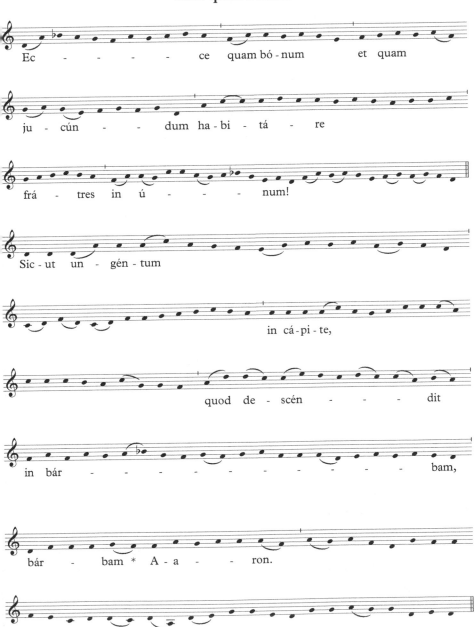

Reproducimos a continuación el motete *O vos omnes* en la transcripción de Higinio Anglés, editada en el Vol. 11 de la *Opera omnia* (págs. 17-19): el ritmo está en tiempo imperfecto con prolación menor, es decir, es un ritmo binario; en la transcripción se ha escogido la equivalencia breve igual a *redonda*.

La forma, evidentemente, viene dictada por el texto: responsorio, estribillo, verso y repetición del estribillo; es decir, una forma Aa'Ba'.

Samuel Rubio en su edición del *Officium*[57] señala sobre la modalidad en que están escritos los dieciocho responsorios que «todos están en el modo *protus* con tónica sol, término que abarca los modos primero y segundo de la clasificación gregoriana medieval, seguida por los tratadistas y compositores del Renacimiento. Seguramente no se dará otro ejemplo entre los polifonistas que compusieron varios o todos los responsorios [...], conocemos el caso de M. A. Ingignerius (aproximadamente 1547-1592), cuyos veintisiete responsorios (1588) se atribuyeron por tanto tiempo a Palestrina, que mantiene la misma modalidad en cada nocturno, pero abandonándola por otra al nocturno siguiente, sin que tampoco se sujete a un esquema que sea igual para los tres días. ¿Por qué eligió Victoria el modo *protus* y no otro de los restantes? Las dos ramificaciones del *protus* venían cargadas desde la Edad Media de una estética y un contenido espirituales que pudieron muy bien ser tenidos en cuenta por nuestro polifonista. Del primero se decía que era capaz de expresar todos los sentimientos: *omnibus est primus*, afirmándose que el segundo era apto para los tristes: *sed alter est tristibus aptus*. Quizá la verdadera razón haya de buscarse en la misma naturaleza de esta escala: su tercera menor ya le imprime un carácter propicio a los afectos tristes, a las situaciones dramáticas. Añádase a esto la fácil movilidad del sexto grado, si (bemol) en la escala de

O vos omnes, qui transitis per viam

re, mi (bemol) en la de sol, que se presta a la utilización de la cadencia remisa, propia del modo *deuterus*, tan apta por su disonancia o retardo de séptima mayor para expresar los pasajes o situaciones más intensas por su contenido. De hecho, esto es lo que ocurre en los responsorios con mucha frecuencia».

Los acordes se presentan, en general, siempre completos y numerosos retardos enriquecen con sus expresivas disonancias el transcurso de esta obra. Obsérvense los retardos de séptima mayor en los compases 22, 26 y 38, así como el uso de un acorde de quinta aumentada (en primera inversión) en el compás 21 (cuarto tiempo); obsérvese, asimismo, la cuarta disminuida melódica en la voz del tenor, compás 21 y en el soprano, compás 39-40.

El motete de Victoria suena, en la actualidad, en re menor; es una de las tantas pruebas evidentes del paso de la modalidad a la tonalidad; se observa, también, una fluctuación tonal hacia el relativo mayor (recuérdese que la tonalidad menor se fijó, como tal, mucho más tarde, hacia finales del siglo XVII): así, el *la* en el bajo del compás 6 es, por su estructura melódica, una dominante de re menor; las modulaciones se realizan al relativa mayor aparte de una breve incursión al tono de la dominante, encontrándonos con numerosos descansos sobre el quinto grado, suspendiendo el discurso musical y dándole más interés; en los finales de período, el descanso sobre la tónica se realiza sobre un acorde mayor, es decir, con la tercera alterada (compases 10, 51 y 68) (recuérdese que la alteración de la tercera, al concluir un fragmento menor, viene a ser usual a partir de la mitad del siglo XVI).

Véase el motete, que reproducimos en su totalidad, y compárense sus líneas melódicas con el gradual antes señalado; véase, asimismo, cómo se puede decir que todas las melodías del motete están derivadas, de una forma o de otra, de la melodía del canto llano.

Obsérvese cómo, en el bajo, la melodía solo asciende una vez a la nota más aguda, un mi (compases 35-36), como en el gradual que, asimismo, solo lo hace una sola vez; en el soprano será la nota sol la que se escribirá, como punto culminante, una sola nota y por una sola vez en el compás 42: obsérvese también el salto melódico de séptima, que también hallamos en el gradual y que en el motete aparece en el compás 29-30 y en su repetición, en el bajo; quisiéramos también destacar la línea melódica del *altus* del 48 al 51.

Este breve análisis no agota, como es evidente, todas las posibilidades que existen ínsitas en el motete *O vos omnes* de 1572; años más tarde, en el *Officium Hebdomadas Sanctae*[58] escribirá un nuevo y diferente *O vos omnes*: de ambas obras, al hacer un examen técnico, pueden decirse muchas y muy notables cosas, pero algo quedará siempre por decir y es aquello que, por ser totalmente irracional, no puede decirse; el Oficio de Difuntos de 1605 es una obra maestra de emoción, abstracta y como lejana; es una arquitectura de la reverencia y el temor a la muerte, petrificada por el respeto, pero el *Officium...* de 1585 expresa, de una manera mucho más radical y directa, el dolor y la compasión –que creemos verdadera y sincera– de su autor frente a la pasión del mártir del Gólgota: sus dieciocho responsoria, el *Vere languores* y el *Popule meus de la Feria Sexta*; las *Lectio prima, secunda y tertia* de los tres días, las dos *Passio*, todo el oficio, en general, habla de una particularísima capacidad para emocionarse y para comunicar esta emoción: algo semejante sucede, en el siglo pasado con la música de César Franck o, en nuestro tiempo, con la de Alban Berg; todos ellos parece que están siempre expresando un lamento, aun en la más abstracta de las ocasiones, sea un cuarteto de cuerdas, una pieza para piano o el *incipit* de una lamentación de Jeremías con el canto de una de las consonantes del alfabeto hebreo; esta exquisita sensibilidad parece asimismo vibrar frente a su correspondiente aspecto erótico: también Franck será en extremo expresivo frente a esta dimensión en su obra maestra *Psyché*, y Berg sabrá expresar como nadie la relación entre lo sádico y lo erótico y su inmensa tristeza en *Lulú*. Victoria se confinará voluntariamente en las voces humanas y en la música estrictamente funcional para la liturgia católica; pero, aun con esta limitación y, a pesar de la extrema austeridad de su escritura armónica y contrapuntística, fue y sigue siendo el maestro de la más aguda emoción: esto no puede analizarse ni expresarse más que de forma harto indirecta con palabras, pero siempre tiene que tenerse en cuenta en el momento de intentar hacer un análisis de alguna de sus obras.

Notas

1. 1898, en *Ver Sacrum*, vol. 1.

2. Citado en Schorske, Carl E.: *Viena Fin de-Siecle*, Barcelona, 1981.

3. Qué cosa más terrible que el grito que uno de los evangelios coloca en su boca ya agonizante: «Dios mío, ¿por qué me has abandonado?».

4. La época de Tell-El-Amarna, bajo la guía de Akhnatón; determinados momentos de la religión budista, taoísta o hindú; el Islam en su más pura raíz con los sufíes; ciertos momentos de la mística cristiana, en manos del Maestro Eckhart, de Suso, etc.

5. R. Flores Guerrero, *Historia General del Arte Mexicano*, México, 1962.

6. J. K. Huysmans, *La-Bas*, París, 1891, edic. 1978, traducción de I. S.

7. Cfr. R. Otto, *Lo Santo*, Madrid, 1965^2

8. *Portrait of the Artist as a Young Man*, 1914.

9. Ya desde sus inicios, el cristianismo mostró una especial insensibilidad frente al castigo del pecador y nunca se consideró que se debía mostrar caridad –bondad–, frente al supuesto castigo

eterno de los condenados: «[...] los ángeles torturadores sentíanse llenos de gozo y de alegría, y si las almas les suplican tengan piedad de ellas, los ángeles montan en cólera y las castigan aún con mayor dureza. Cuando les llevan almas y se las entregan, ellos exultan de gozo [...]». (en *Les vies coptes de saint Pacome...*, Louvain, 1943).

10. Hay que reconocer, sin embargo, que esta institucionalización del temor y el temblor por parte de la religión no es exclusiva del pueblo hebreo y, por ende, del cristianismo posterior. Ya en el siglo II antes de nuestra era, la descripción que el *Bhagavad-Gita* hace de la suprema divinidad es de un horror cósmico muy parecido, por cierto, al que siglos más tarde hallaremos en las obras del norteamericano H. P. Lovecraft (1890-1937), en las que el elemento ominoso e irracional está manifestado con una rara intensidad.

    En el texto hindú, la divinidad, hipostasiada en infinitas formas, se hace patente a través de una fuerza avasalladora: «[...] el universo entero se llena de angustia al verte terrible en tu inmensidad, con bocas, ojos, brazos, vientres y dientes infinitos [...], todos [los hombres] al introducirse en tus mandíbulas de poderosos dientes pierden sus cabezas al serles arrancadas, llenas de sangre, por tus poderosos dientes; así penetran en tus innumerables y llameantes bocas; con tus lenguas lames el universo y absorbes a todos los hombres en tus bocas, semejantes a una hoguera [...], todos nos quemamos en tus terribles fuegos, ¡oh, Vishnú!». Edición J. Barrio, Buenos Aires, 1964.

11. Véase C. G. Jung, *Respuesta a Job*, México, 1964.

12. *Antígona*, 666 y 738.

13. Véase R. Barthes: *Sade, Fourier, Loyola*, París, 1971; en especial, las págs. 150-151, sobre el teatro en la obra de Sade.

14. Roland Barthes, *Sade, Fourier, Loyola*, París, 1971, obra de la que extraemos determinados conceptos sobre los *Ejercicios* y que ha servido de base a estas consideraciones.

15. *Teología mística*, Cap. 1, 1.

16. *Ejercicios*, 1, 258.

17. XXX, 17; en *Noche pasiva del espíritu*, IX, 8.

18. *Los Edonios*; frag., en Estrabón X, 3.

19. *Satiricon*, frag. 27.

20. Richard E. Leakey, *La formación de la humanidad*, Barcelona, 1981.

21. M. Heidegger, «El origen de la obra de arte», en *Arte y poesía*, México, 1958. Platón, *El banquete*, 205 be.

22. Dedicatoria a Gregario XIII de los *Hymni totius anni*, Roma, 1581.

23. *Missarum Libri Duo*, Roma, 1583.

24. *Hymni totius anni*, Roma, 1581.

25. Madrid, 1600.

26. Lutero, nacido a fines del siglo XV, muere en 1546 sin haber llegado a conocer el supremo antídoto para los supuestos males que llevó consigo su actuación: el ejercicio de los *Ejercicios*.

27. Y de los santos de la gloria celestial, ya que para estos era una gran alegría poder presenciar el justo castigo de los pecadores y vengar el honor de Dios.

28. Ch. Guignebert, *Le christianisme médiéval et moderne*, París, 1927.

29. *Vida*, C. 33.

30. Citado en I. Tellechea, *Tiempos recios*, Salamanca, 1977.

31. Odiada por Cirilo, arzobispo cristiano de Alejandría, murió destrozada por una turba fanática de secuaces dirigidos por aquel. La muerte de Hipatia antecede en pocos años a la total destrucción (por las fuerzas de 'Amr, que ocupaban la ciudad) de lo que había quedado de la Biblioteca, que fue expoliada en el año 391, bajo el imperio de Teodosio I. Con su total destrucción, iniciada en el año 47 a. de C. por los soldados de Julio César, y con la pérdida de un enorme conjunto de conocimientos o de obras artísticas que ya nunca recobraremos, se cerraba este breve pero auténtico momento estelar de la humanidad.

32. DK. frag. 93.

33. Teresa de Jesús, *Relaciones espirituales*, XXVI.

34. J. Soler, *La música*, Vol. 1; Barcelona, 1982.

35. Rev. por Percy C. Buck, Trend y A. Hughes en 1932.

36. En su *L'estetica musicale dall'antichità al Settecento*, Turín, 1976.

37. En *Compendium musicae*, 1650.

38. *Op. cit.*, págs. 141 y ss.

39. *Obras*, Madrid, 1578.

40. Rameau, *Traité de l'Harmonie*, 1722.

41. Vol. 19, págs. 703 y ss., Londres, 1980.

42. Págs. 345 y ss., Berkeley y Los Angeles, 1961.

43. Véase sobre *los mozos de coro*: S. Rubio, «Los mozos de coro», Ritmo, N.° 519, págs. 14 y 15. Madrid, 1982, donde se dan datos de notable interés.

44. Véase el artículo antes citado de S. Rubio y las consideraciones que hace este sobre la interpretación de la música vocal en aquel momento y cómo debe interpretarse ahora según estos y otros datos y la disciplina que reinaba en el colegio de San Gil, donde parece que los padres trataban a los niños con gran rectitud, pero con particular tacto y discreción, sin el menor favoritismo, pero respetando sus individualidades [...], la paz y la armonía siempre han reinado en esta escuela», dice el jesuita Luis Muñoz, profesor en San Gil, en un informe al general de la Sociedad en 1573.

45. Véase nota 49, pág. 470, R. Stevenson, op. cit.

46. Véase 1. Soler, *Fuga, técnica e historia*, Barcelona, 1980, págs. 114 y ss.

47. Véase S. Rubio, *Historia de las reediciones de los motetes de T. L. de Victoria...* en *La ciudad de Dios*, Vol. CLXII. El Escorial, 1950.

48. Véase Rubio, *op. cit.* pág. 5 nota 2.

49. Este salmo, *a 8*, fue impreso en su *Liber Primus Qui Missas...*, Venecia, impreso por Angelo Gardano, 1576.

50. Constitut. cap. 1, de Oratoria.

51. Citado en H. Thurston, *Los fenómenos físicos del misticismo*, San Sebastián, 1953.

52. En la traducción de Rafael Cansinos Assens, Madrid, 1973.

53. Véase sobre estas partes de órgano y como debe usarse este o algún instrumento S. Rubio, «Dos interesantes cartas autógrafas de T. L. de Victoria», en *Revista de Musicología*, Vol. IV, N.º 2, Madrid, 1981.

54. Véase S. Rubio, «La misa 'Pro Victoria' de Tomás Luis de Victoria», en *Ritmo*, N.º 518, Madrid, 1982.

55. Véase el repetidas veces citado libro de Stevenson, págs. 345 y ss. sobre la familia de Victoria y, en especial, sobre sus hermanos.

56. En *Parody Technique in 16th-Century Instrumental Music* (Véase Bibl.).

57. Véase Bibl.

58. Madrid, *Ex typographia Dominici Basae*, 1585.

Cronología

Año	Acontecimientos históricos	Literatura, arte	Religión, filosofía, ciencia	Música	Tomás Luis de Victoria
1546	Muerte de Lutero (n. 1483).	Miguel Ángel diseña la cúpula de San Pedro; inicio de las obras.	Nace Tycho Brahe (m. 1601).	Alonso Mudarra, *Tres libros de música en cifra para vihuela* (Sevilla).	
1547	Muerte de Enrique VIII (n. 1491).	Nace Miguel de Cervantes (m. 1616).		Henricus Glareanus (1488-1563), *Dodekachordon.* Enrique de Valderrábano, *Silva de sirenas* (Valladolid).	
1548	Ejecución de Pizarro en Perú.	Tiziano, retrato de Carlos V.	Nace Giordano Bruno. Aprobación por Pablo III de los *Ejercicios espirituales* de Ignacio de Loyola; publicación de los mismos.		Nacimiento de Victoria.

Año	Acontecimientos históricos	Literatura, arte	Religión, filoso- fía, ciencia	Música	Tomás Luis de Victoria
1551				Palestrina, maestro de capilla en San Pedro de Roma.	
1552		Pierre de Ronsard, *Amours de Cassandre.*		Diego Pisador. *Libro de música de vihuela* (Salamanca).	Primera actuación en Ávila de Antonio de Cabezón.
1553	María, hija de Enrique VIII y Catalina de Aragón, reina de Inglaterra.	Hans Sachs: *Tristan und Isolde.*	Ejecución en Ginebra de Miguel Servet.	Diego Ortiz, *Tratado de glosas* (Roma).	
1554	Matrimonio de María de Inglaterra con Felipe II de España.	Tiziano, *Venus y Adonis.*	Restauración católica en Inglaterra.	Primer libro de misas de Palestrina, dedicado a Julio II. Miguel de Fuenllana, *Orphenica Lyra* (Sevilla).	
1555	Paz de Augsburgo: Iguales derechos para luteranos y católicos.	Miguel Ángel, *Pietà de Florencia.*		J. Bermudo, *Declaración de instrumentos* (Osuna).	

Año	Acontecimientos históricos	Literatura, arte	Religión, filosofía, ciencia	Música	Tomás Luis de Victoria
1556	Abdicación de Carlos V; Felipe II rey de España.	Hans Sachs al frente de los Maestros Cantores de Nuremberg.	Muerte de Ignacio de Loyola.	Primer libro de motetes de Orlando di Lasso.	Segunda estancia de A. de Cabezón en Ávila.
1557				Venegas de Henestrosa, *Libro de cifra nueva* (Alcalá).	
1558	Isabel I, reina de Inglaterra.			Gioseffo Zarlino (1517-1590), *Institutioni harmoniche*, define las escalas mayores y menores.	Ingresa como niño cantor de coro en la catedral de Ávila.
1561		Nacimiento de Luis de Góngora (muerto en 1627). Muerte de Alonso Berruguete (n. 1480).		Nace Jacobo Peri (m. 1633).	
1562		Nace Lope de Vega (m. 1635).			

Año	Acontecimientos históricos	Literatura, arte	Religión, filoso-fía, ciencia	Música	Tomás Luis de Victoria
1563		Muerte de Miguel Ángel; *Pietà* de Milán. Pieter Brueghel, *La torre de Babel*. Juan de Herrera inicia El Escorial.	Final del Concilio de Trento (inicio, 1545).		
1564	Iván el Terrible, lucha contra los boyardos.	W. Shakespeare (m. 1616). Ch. Marlowe (m. 1593).	Muere J. Calvino (n. 1509). Primer *Index Librorum Prohibitorum*. Nace Galileo Galilei (m. 1642). Felipe Neri funda la Congregación del Oratorio en Roma.	Edición de las *Lamentationi* de Morales en Venecia.	

Año	Acontecimientos históricos	Literatura, arte	Religión, filosofía, ciencia	Música	Tomás Luis de Victoria
1565		P. Brueghel, *Boda entre campesinos.* Tintoretto, *Huida a Egipto.*		Palestrina, *Missa Papae Marcelli.* Edición del *Arte de tañer fantasía* de Tomás de Santa María en Valladolid. Diego Ortiz, *Musices Liber Primus* (Venecia).	Victoria llega a Roma; ingresa en el *Collegium Germanicum.*
1566				Muere Antonio de Cabezón.	
1567	El duque de Alba en los Países Bajos. Dos millones de indios mueren en Sudamérica de fiebre tifoidea.	P. Brueghel, *Adoración de los Magos.*		Nace Claudio Monteverdi (m. 1643).	
1569					Cantor y sonador del órgano en Santa María de Monserrato (Roma).

Año	Acontecimientos históricos	Literatura, arte	Religión, filosofía, ciencia	Música	Tomás Luis de Victoria
1570	Japón abre el puerto de Nagasaki al comercio con Occidente. A. Ortelius, *Theatrum orbis Terrarum*, primer átlas moderno, con 53 mapas.	Palladio, *Los cuatro libros de la arquitectura*.	Excomunión de Isabel I por el papa Pío V.		
1571	Batalla de Lepanto.	Nace Tirso de Molina (m. 1648). Muere Benvenuto Cellini (n. 1500). Veronese, pinturas en San Sebastiano de Venecia.	Nace J. Kepler (m. 1630).		
1572	Matanza de los hugonotes en el día de San Bartolomé.	Nace Ben Jonson (m. 1637).		W. Byrd y T. Tallis, organistas en la Chapel Royal.	Publicación de *Motecta...* (Venecia).

Año	Acontecimientos históricos	Literatura, arte	Religión, filosofía, ciencia	Música	Tomás Luis de Victoria
1576	Don Juan de Austria, gobernador de los Países Bajos.			Antonio Valente, *intavolatura de cimbalo* (Nápoles). Esteban Daza, *El Parnaso* (Valladolid).	*Liber Primus Qui Missas* (Roma).
1577		El Greco, *Asunción de la Virgen* (Toledo). Nace P. P. Rubens (m. 1640).		Francisco de Salinas, *De Musica libri septem* (Salamanca).	
1578	Descubrimiento de las catacumbas de Roma.			Antonio de Cabezón, *Obras de música* (Madrid).	Ingresa en San Girolamo della Carita.
1579		El Greco, *El Expolio*.	Juan de la Cruz, *Noche oscura del alma*.	Fernando de las Infantas (1534-1608), *Plura Modulationum genera* (Venecia).	
1580	Invasión de Portugal por los españoles.	Nace J. Webster (m. 1625).			

Año	Acontecimientos históricos	Literatura, arte	Religión, filosofía, ciencia	Música	Tomás Luis de Victoria
1581				Vincenzo Galilei, *Dialogo della musica antica e moderna* (Florencia).	
1582		Muerte de Teresa de Jesús (n. 1515).			
1585					*Officium Hebdomadae Sanctae* (Roma).
1586		Inicio del teatro Kabuki. El Greco, *El entierro del conde de Orgaz*.			
1587	Ejecución de María Estuardo (n. 1542).			Monteverdi, *Primer libro de madrigales* (Venecia).	

Año	Acontecimientos históricos	Literatura, arte	Religión, filoso-fía, ciencia	Música	Tomás Luis de Victoria
1588		Marlowe, *Doctor Faustus*.	Tycho Brahe publica *De mundi aetheris recentioribus phaenomenis*.		
1589	Galileo Galilei, profesor de matemáticas en la Universidad de Pisa.	Caravaggio, *Baco*.	Boris Godunov instituye la independencia de la iglesia rusa de Constantinopla.		
1590				Muerte de Salinas en Salamanca.	
1591		Muerte de Fray Luis de León (n. 1527). Muerte de Juan de la Cruz (n. 1542).	G. Bruno, *De inmenso et innumerabilis seu de universo et mundis*.		

Año	Acontecimientos históricos	Literatura, arte	Religión, filoso-fía, ciencia	Música	Tomás Luis de Victoria
1592	Descubrimiento de las ruinas de Pompeya.	Shakespeare, *Ricardo III*.		Monteverdi, *Tercer libro de madrigales* (Venecia).	
1594	La iglesia católica detiene a Giordano Bruno.	Edición póstuma de *Eduardo II* de Marlowe. Shakespeare, *Romeo y Julieta*.		Muerte de Orlando di Lasso (n. 1532). Muerte de Giovanni Pierluigi da Palestrina (n. 1525). Jacopo Peri, *Dafne*.	Victoria, en Roma, asiste a los funerales de Palestrina.
1595	Shakespeare, *El sueño de una noche de verano*. Carraci, *Venus y Adonis*.	Muerte de Felipe Neri (n. 1515).			Regresa definitivamente a Madrid.
1596		Shakespeare, *El mercader de Venecia*.	J. Kepler, *De admirabili proportioni coelestium orbium*. Nace Descartes (m. 1650).		

Año	Acontecimientos históricos	Literatura, arte	Religión, filoso- fía, ciencia	Música	Tomás Luis de Victoria
1597	Destrucción de la Armada Invenci- ble.			Orazio Vecchi, *L'Amfi̱par- naso* en wModena.	
1598	Muerte de Felipe II (n. 1527).	El Greco, *El cardenal Niño de Guevara.*			
1599		Shakespeare, *Julio César.* Nace Velázquez (m. 1660).			
1600		Shakespeare, *Hamlet.* Nace Calderón de la Barca (m. 1681).	Giordano Bruno es quemado en Roma por heré- tico.	G. Caccini, *L'Euridice.* Emilio de'Cavalieri, *La rappresentazione di anima e di corpo,* editada en Roma. Jacopo Peri, *L'Euridice.*	
1601				Gesualdo, Madrigales con textos del Tasso.	
1603	Muerte de Isabel de Inglaterra (n. 1533).	F. de Quevedo, *La vida del Buscón.*			

Año	Acontecimientos históricos	Literatura, arte	Religión, filoso-fía, ciencia	Música	Tomás Luis de Victoria
1604				John Dowland, *Lachrimae* (Londres).	
1605		Cervantes, primera parte de *Don Quijote* (segunda, en 1615). Shakespeare, *El rey Lear, Macbeth*.			
1606		Nace Pierre Corneille (m. 1684). Shakespeare, *Antonio y Cleopatra*. Nace Rembrandt (m. 1669).			
1607				Claudio Monteverdi, *Orfeo*.	
1608		Nace John Milton (m. 1674).	El holandés Lippershey inventa el telescopio; Galileo construye un telescopio.	Girolamo Frescobaldi (1583-1643), organista en San Pedro de Roma.	

Año	Acontecimientos históricos	Literatura, arte	Religión, filosofía, ciencia	Música	Tomás Luis de Victoria
1609			Kepler, *De motibus stellae Martis*, donde establece las dos primeras leyes que llevan su nombre.	Orlando Gibbons, *Fantazies of Three Parts*, primera obra editada en Inglaterra.	
1610		Shakespeare, *Cuento de invierno*. El Greco, *Apertura del séptimo sello* (entre 1608-1614). Rubens, *Erección de la Cruz*.	Galileo descubre los satélites de Júpiter.	Claudio Monteverdi, *Vísperas de Santa María* (Venecia).	
1611		Shakespeare, *La tempestad*. Rubens, *Descendimiento de la Cruz*. Construcción de la mezquita de Isfahan.			Muerte de Victoria en Madrid.

Bibliografía

Fubini, E., *L'estetica musicale dall'antichitd al settecento* (Turín, 1976).

Fubini, E., *La estética musical del siglo XVIII a nuestros días* (Barcelona, 1970).

Howell, A.C., Jr., «Cabezón, an essay in structural analysis», *The Musical Quarterly*, pp. 18-30 (1964).

Jeppesen, K., *Counterpoint* (Englewood Qiffs, N. J. 1939).

Jeppesen, K., *The style of Palestrina and the dissonance* (Nueva York, 1970).

Kriewald, J., *The contrapuntual and harmonic style of T. L. de Victoria* (1968, The University of Wisconsin).

May, H. Von, *Die Kompositionstechnik T. L. de Victorias* (Nendeln/Liechtenstein, 1978).

Menéndez y Pelayo, M., *Historia de las ideas estéticas en España*. Tomo II, vol. II (Madrid, 1884).

Orozco, E., *Música, plástica y barroco* (Madrid, 1977).

Rubio, S., *La polifonía clásica* (Madrid, 19742).

ТOMÁS LUIS DE VICTORIA

Stevenson, R., *Spanish Cathedral Music* (Berkeley y Los Ángeles, 1961).

Stevenson, R., *Ritmo*, Año XI, N.° 141 (Madrid, 1940).

Ward, J., «The Use of Borrowed Material in 16th-Century Instrumental Music», *Journal of The American Society*, Vol. V, N.° 2, 1952.

Ward, J., «Parody Technique in 16th-Century Instruinental Music», *The Commonwealth of Music*, pág. 208-228, (Londres, 1965).

168

Ediciones

Victoria, Tomás Luis de, *Opera Omnia*, edición de F. Pedrell. 8 vols. (Leipzig, 1902-1913). Reedición en Ridgewood (New Jersey, 1966).

Victoria, Tomás Luis de, *Opera Omnia, Misarum Liber Primus*, edit. H. Angles. Vol. I (Barcelona, 1965).
Motetes I-XXI, Vol. 11 (Barcelona, 1965). *Missarum Liber Secundus*, Vol. III (Barcelona, 1967).
Motetes XXII-XLVI, Vol. IV (Barcelona, 1968).

Victoria, Tomás Luis de, *Motetes*, del I al LII, edición de S. Rubio, 4 vols. (Madrid, 1964). *Motete* «O magnum mysterium» y *Missa* «O magnum mysterium», edición y versión de S. Rubio (Madrid, 1962).
Missa «Quarti Toni», edición y versión de S. Rubio (Madrid, 1962).
Officium Hebdomadae Sanctae, Estudio y edición crítica por S. Rubio (Cuenca, 1977).

Victoria, Tomás Luis de, *Requiem* d 6 (1605), edición de David Wulstan (Oxford, 1978).

Victoria, Tomás Luis de, *Officium Hebdomadae Sanctae parts 1-4*, edición y transcripción de Eugene Cramer (Institute of Mediaeval Music: Musicological Studies, Vol. XXXl/1-4; Londres, 1982).

Discografía

Recogemos en esta lista, no toda la discografía de Victoria, sino aquellas grabaciones que, a nuestro juicio, son las mejores y más correctas, tanto desde el punto de vista musicológico como desde el estrictamente musical.

El Siglo de Oro

Pro Cantione Antiqua. Dir. Bruno Turner. Das alte Werk. Telefunken 6.35371, Hamburgo (1978) (3 LPs); incluye 13 obras de Victoria en una magnífica grabación e interpretación. Tenebrae Responsories.

Pro Cantione Antiqua. Dir. Bruno Turner. Harmonia Mundi. lC 065-99 800, Alemania (1979); junto con el anterior es, quizá, la mejor de las grabaciones existentes con obras de Victoria.

Responsorios de tinieblas

Coro de la catedral de Westminster, Dir. G. Malcolm, Decca, divo Argo SXL 29072 (Madrid, 1974).

Officium Hebdomadae Sanctae (edición integral)

Colección de música antigua española 18/19 y 20 Hispavox HHS 16/17/18 (Madrid, 1973). Coro de monjes del Monasterio de Santo Domingo de Silos. Dir. Ismael Fernández de la Cuesta. Asimismo un álbum espléndido.

Officium Hebdomadae Sanctae

Conjunto vocal «Per cantar e sonar»; dir. Stéphane Caillat. Arion ARN 336016 (París, 1979).

Misa de Réquiem

Coro del St. John's College de Cambridge. Dir. G. Guest. Decca Div. Argo SX L 29043 (Madrid, 1970).

Missa pro defunctis 6 vocum

Escolania & Capella de música de Montserrat, Dir. Irineu Segarra. Harmonia Mundi C 065-099602 (Barcelona, 1977).

Tomás Luis de Victoria. Geistliche Chorwerke

Regensburger Domchor. Dir. Hans Schrems. Archiv DGG 2533 051 (Hamburgo, 1969).

O quam gloriosum est regnum, motet and mass, etc.

Coro del Sl. John's College, Cambridge. Dir. G. Guest. Decca ZRG 620 (Londres, 1970).